*20 clés pour comprendre*

# Le bouddhisme

*20 clés pour comprendre*

# Le bouddhisme

Albin Michel

*Première édition :*
Hors-série n° 5 du *Monde des religions*
Malesherbes Publications

*Édition au format de poche :*

# Sommaire

# Aux origines du bouddhisme

## Une religion indienne

**Michel Hulin**

**Né dans le Nord de l'Inde, en réaction au brahmanisme, le bouddhisme s'est profondément nourri de ses racines indiennes dont il est coupé depuis un millénaire.**

Entre le VIe et le Ve siècle avant notre ère, un certain Gautama Shakyamuni, dit le Bouddha (« l'Éveillé »), vivait et enseignait dans la moyenne vallée du Gange. Après avoir longtemps prospéré sur le sol indien, la religion fondée par lui s'y est peu à peu étiolée, au point de pratiquement disparaître de sa terre natale dans le sillage des invasions musulmanes du Xe siècle. Le bouddhisme d'aujourd'hui, celui que des moines thaïlandais, tibétains ou japonais viennent enseigner aux Occidentaux, a comme oublié ses racines indiennes dont il est coupé depuis un bon millénaire. De là à renier ses origines il n'y a qu'un pas...

Pourtant, comprendre le bouddhisme en ignorant sa matrice indienne serait tout aussi impossible qu'analyser le christianisme en faisant abstraction du judaïsme qui lui a donné naissance. En rappelant tout ce qui marque la continuité du brahmanisme au bouddhisme, on ne cherche en aucune manière à contester la réalité de la rupture apportée par ce dernier mais, bien au contraire, à souligner par contraste ce en quoi elle a précisément consisté.

## La contestation de la religion védique

La prédication du Bouddha s'inscrit tout d'abord à l'intérieur d'un grand mouvement de contestation de la religion védique, amorcé au moins deux ou trois siècles avant lui. Cette religion védique ancienne reposait sur le sacrifice, compris comme un échange de bons procédés entre les hommes et les dieux : les hommes « nourrissant » les dieux par leurs offrandes et recevant en retour récoltes abondantes, descendance nombreuse, longévité... Dans une telle société, le pouvoir spirituel est détenu par les brahmanes, seuls connaisseurs du mécanisme du sacrifice qu'ils pratiquent tant pour eux-mêmes qu'au bénéfice – moyennant honoraires – des *kshatriyas*, la noblesse guerrière, détentrice du pouvoir temporel. L'accès à des « paradis » après la mort est lui-même fonction du nombre et de l'importance des sacrifices accomplis ici-bas. Les fautes morales, même les plus graves, sont comprises comme des souillures dont on peut se débarrasser par des ablutions rituelles et autres « pénitences ».

Or, des doutes sur la valeur et l'efficacité du sacrifice ont commencé à se faire jour parmi les brahmanes eux-mêmes, et cela dès l'époque des premières *Upanishads* (IX$^{e}$ – X$^{e}$ siècle avant notre ère). En particulier, on commence à réaliser que des rites nécessairement finis (en nombre, en durée...) ne peuvent produire que des fruits eux-mêmes finis. D'où, dans la perspective du destin *post mortem* de l'homme, un scepticisme grandissant quant à la pérennité des séjours célestes et la quête tâtonnante d'une nouvelle spiritualité. Beaucoup de brahmanes – et de non-brahmanes – quittent alors leur foyer, leur village, devenant des « renonçants » qui parcourent les grands chemins à la recherche d'un maître capable de leur enseigner une authentique voie de salut.

À l'époque du Bouddha, de tels maîtres sont légion. Ascètes ou inspirés de tout acabit, ils sillonnent la vallée du Gange, prêchant leur doctrine, exhibant leurs prouesses yogiques, enrôlant des disciples, polémiquant entre eux avec âpreté. Tous subsistent en mendiant auprès des sédentaires et, en ce sens, le Bouddha et ses disciples n'ont fait que se conformer à un modèle de comportement religieux commun à l'époque et qui, dans l'hindouisme également, subsistera jusqu'à nos jours.

### Une continuité doctrinale

Cependant – à part le Jina, contemporain du Bouddha et fondateur du jaïnisme – ces maîtres n'ont eu qu'une postérité éphémère et ne sont connus de nous, précisément, qu'à travers le témoignage des canons bouddhique et jaïn. Aussi est-ce vers le brahmanisme qu'il convient de se tourner pour relever des éléments de continuité doctrinale entre le bouddhisme et son milieu d'origine. Ces éléments sont multiples et chacun pourrait faire l'objet d'un exposé détaillé. Contentons-nous de les énumérer et de les caractériser brièvement.

• Si le bouddhisme refuse totalement la perspective sacrificielle et sa logique mercantile, le brahmanisme des *Upanishads* prend peu à peu conscience de ses limites et ne la conserve qu'à titre de voie inférieure ou « voie des actes », subordonnée à la « voie de la connaissance ».

• Le bouddhisme a sans doute franchi un pas décisif en refusant de réduire la faute morale à une souillure physique : « Si les ablutions suffisaient à effacer les impuretés, alors toutes les grenouilles et tortues d'eau obtiendraient le ciel », lit-on dans le *Suttanipata*. Mais cette démarche était déjà impliquée dans la réflexion upanishadique sur la matérialité et la finitude des rites en tant que tels.

• La première des « quatre vérités saintes » du bouddhisme est celle de la souffrance universelle, mais déjà la formule « tout ce qui n'est pas lui [l'Absolu, le *Brahman*] est voué à la souffrance » revenait comme un leitmotiv dans les *Upanishads*.

• La seconde des vérités saintes, à savoir que la souffrance prend sa source dans le désir (la « soif ») sous toutes ses formes (désir de plaisir, de richesse, de pouvoir...), conduit à la notion d'*ahimsa* ou de « non-violence » comme principe de la morale. Or, celle-ci est tout aussi présente dans le jaïnisme et, de son côté, la pensée brahmanique l'avait déjà au moins esquissée à travers sa critique de la violence inhérente au sacrifice animal.

• Le Bouddha est censé avoir introduit les notions corrélatives de transmigration (*samsara*) et d'extinction ultime (*nirvana*). Or celles-ci sont présentes, au moins en filigrane, dans la *Chandogya* – et la *Brihad-aranyaka-Upanishad*, qui opposent une « voie des pères » comportant d'incessantes retombées ici-bas et une « voie des dieux » qui est sans retour.

- S'agissant de la quatrième vérité sainte, relative au chemin du salut, on a relevé depuis longtemps de nombreuses convergences entre pratiques méditatives / yogiques du brahmanisme, du bouddhisme et du jaïnisme – et cela sans qu'il soit possible de déterminer qui a emprunté quoi à qui.

- Sur le plan de la théologie et de la cosmologie les affinités structurales sont également multiples. Sans doute le bouddhisme est-il réputé « athée », mais cela signifie seulement qu'il ne reconnaît aucun Dieu suprême, créateur et sauveur. En revanche, il admet l'existence de myriades de dieux. Mais ceux-ci ne le sont qu'à titre provisoire, en récompense de mérites acquis dans des existences antérieures, notamment humaines. Or ceci est aussi la doctrine professée dans le brahmanisme classique, post-upanishadique. Des parallèles semblables concernant l'infinité des mondes, le temps cyclique… pourraient être aisément établis.

## Des différences essentielles

Tout cela suffit-il à faire du bouddhisme une simple variante du brahmanisme, dépourvue de véritable originalité ? Nullement, car un certain nombre de différences essentielles demeurent. Et tout d'abord, de la part du

Bouddha, le rejet de la structure ésotérique et initiatique caractéristique des *Upanishads*. Les Grandes paroles upanishadiques – à commencer par le célèbre *tat tvam asi*, « tu es cela [l'Absolu, le *Brahman*] » – ne sont transmises que de bouche à oreille, sous le sceau du secret. La foule, à commencer par la masse de ceux qui ne sont ni brahmanes ni *kshatriyas*, est jugée indigne de les entendre. Or, seul « celui qui sait ainsi », qui a compris le sens des Grandes paroles, peut emprunter la « voie des dieux » et accéder à la délivrance. Le Bouddha, de son côté, prêche sur la place publique et se laisse approcher par tous ceux qui sollicitent de lui éclaircissements et conseils. Et ceci nous conduit à une seconde différence : le refus, chez le Bouddha, de tout élitisme de caste. Non seulement il ne reconnaît pas les brahmanes en tant que représentants de la caste supérieure, mais c'est eux avant tout qu'il admoneste dans ses sermons – et parfois ridiculise – car ce sont eux qui, en leur qualité d'« intellectuels », combattent le plus activement sa doctrine. En même temps, il nous faut éviter ici tout anachronisme : le Bouddha ne cherche pas à déclencher quelque révolution, susceptible de renverser par la violence la société de castes. Il se contente d'ignorer celle-ci, son échelle de valeurs et ses tabous.

Troisième différence, sans doute la plus importante à la fois parce qu'elle porte sur les contenus mêmes des doctrines et parce qu'elle oppose le Bouddha aux brahmanes et aux autres « maîtres de vérité », ses contemporains : la « découverte » par lui de l'écoulement universel des choses ou de leur insubstantialité.

## La singularité de la pensée du Bouddha

Alors que toutes les autres doctrines de l'époque admettent au moins un principe ontologique fixe auquel rattacher le flux des apparences – les atomes, l'espace, la matière, le brahman… – le Bouddha seul ose poser que rien n'« est » mais que tout « devient ». Appliquée à la personne, au Moi, cette thèse comporte des implications particulièrement importantes et paradoxales qui n'ont pas manqué d'être relevées par les penseurs du brahmanisme et ont ainsi donné lieu à des siècles de polémique. Les brahmanes, en effet, analysent eux aussi et critiquent le Moi psychologique centré sur lui-même, mais c'est pour mieux dégager son noyau infrangible, l'*atman* ou le Soi transpersonnel que les *Upanishads* avaient depuis longtemps identifié au *Brahman*. Cette controverse a elle-même joué un rôle très important dans le développement des philosophies bouddhiques dans leur ensemble (théories du temps, de la causalité…). Avec l'exil du bouddhisme hors de sa terre natale, elle ne pouvait évidemment que s'éteindre. Preuve *a contrario* de l'impossibilité où l'on est d'étudier les fondements de la pensée bouddhique sans prendre en considération le « cordon ombilical » qui la rattache à la pensée et à la civilisation indiennes en général. ■

# Le Bouddha

## Prince, ascète et Éveillé

**Véronique Crombé**

**Dans ses biographies, le merveilleux le dispute au vraisemblable : il aurait vécu 547 vies, avant de renaître pour une ultime existence. Né prince, Siddhartha allait se faire ascète, connaître l'Éveil et devenir le Bouddha.**

« Écrire la vie de Shakyamuni est une entreprise désespérée », s'était un jour lamenté l'un des plus éminents orientalistes du XXe siècle. En effet, si l'on trouve, dans l'abondante littérature bouddhique, nombre d'éléments à caractère biographique en ordre dispersé, la biographie du Bouddha sous forme de récit suivi n'est devenue que relativement tard un genre à part entière. Et l'on s'en doute, la légende s'en est largement emparée. D'ailleurs, peut-on se limiter à la stricte vraisemblance historique, éliminant le merveilleux qui, depuis des siècles, a fourni un inépuisable répertoire pour l'ornementation des temples et monastères ?

Ce sont 547 vies, nous disent les textes, que le futur Bouddha a d'abord traversées, sous les formes les plus variées, avant de naître au sein du clan des Shakyas pour une ultime existence au cours de laquelle il allait parvenir à l'Éveil.

## Le fils d'un puissant roi indien

Selon la légende, le roi Shuddhodana régnait alors à Kapilavastu, la plus belle des villes, pour le plus puissant des souverains de son temps. Les recherches archéologiques et historiques laissent plutôt penser que le clan Shakya était d'importance mineure, certainement vassal d'un autre souverain, et que la région où se trouvait Kapilavastu, sa capitale, n'était pas particulièrement prospère. Aujourd'hui, deux sites archéologiques pourraient être identifiés à l'ancienne cité dans laquelle le futur Bouddha a passé sa jeunesse. L'un se trouve au Népal, l'autre en Inde et l'affaire se trouve donc fâcheusement teintée d'intérêts politiques et économiques.

Shuddhodana n'avait alors pas encore d'héritier. Son épouse, qui avait peu de temps auparavant manifesté son désir de respecter une période de continence, fait un rêve étonnant : elle voit un éléphant blanc doté de six défenses, que les sages consultés dès le matin interprètent comme présage d'une naissance à venir. Du moins n'est-ce un songe que dans les sources les plus anciennes. Les textes les plus tardifs en font un épisode réel.

## Les signes d'un destin exceptionnel

De fait, le terme étant échu, la reine Maya met au monde un fils alors qu'elle s'apprêtait à cueillir une branche fleurie dans un parc où elle se délassait. L'enfant émerge miraculeusement du flanc droit de sa mère. Accueilli par des dieux du panthéon hindou, baigné par deux rois-serpents, le nouveau-né témoigne dès les premières minutes de sa personnalité hors du commun. Il marche déjà et, s'avançant dans chacune des quatre directions en faisant jaillir sous ses pas de merveilleuses fleurs de lotus, il prononce quelques mots par lesquels il annonce son futur état de bouddha.

Siddhartha, « celui qui a atteint son but », est le nom qui lui est donné. Du moins, c'est celui qui revient le plus souvent dans la littérature bouddhique. Astrologues et sages constatent que le garçon présente des signes caractéristiques d'un destin exceptionnel, que la tradition indienne appelle les marques du Grand Homme. Il sera un souverain universel ou un être éveillé. Pour Shuddhodana, l'affaire est entendue : son fils lui succédera sur le trône, il sera éduqué comme il convient à un prince de son rang. On le tiendra à l'écart de tout désagrément susceptible de faire naître en lui l'appel d'une quête spirituelle. Fut-il seulement informé, quand il fut en âge de l'entendre, de la mort de sa mère, une semaine seulement après sa naissance ? L'enfant est élevé par sa tante maternelle qui reprend le rôle d'épouse et de reine auprès du souverain.

Siddhartha mène, trente années durant, une existence oisive et protégée. Non sans quelques « signes » toutefois : ainsi, alors qu'il est encore un jeune garçon, il assiste à un rituel mené par son père, le labour royal. S'étant éloigné du lieu des cérémonies, il s'installe sous un arbre et y connaît sa première expérience de méditation. Les textes les plus prolixes disent même que le soleil s'était arrêté dans sa course pour que l'ombre des frondaisons continue de l'abriter. Il est adolescent quand son père décide de lui donner une épouse. Bien que le jeune homme répugne à s'engager dans le mariage, on trouve celle qui présente toutes les qualités requises, Yashodhara ou Gopa, selon les sources. On peut présumer qu'elle fut épouse principale, et que le jeune Siddhartha fut doté d'un gynécée.

Et la vie insouciante continue dans le palais. Jusqu'au jour où Siddhartha décide d'aller à la découverte de sa ville. Quatre rencontres le confrontent alors avec tout ce que l'on avait tenté, des années durant, de lui cacher : il croise un vieillard chenu, courbé sur sa canne, un malade que sa famille, par crainte sans doute de la contagion, a jeté à la rue, puis un cadavre que l'on porte au champ de crémation. Enfin, un religieux errant qui, par son visage serein, semble lui montrer la voie. Il a alors 30 ans. Son épouse va prochainement lui donner un enfant mais sa décision est prise : assisté de son fidèle écuyer, aidé par une cohorte de divinités amies, il fuit le palais. Lorsqu'il en est suffisamment éloigné, il se coupe les cheveux, abandonne ses vêtements princiers et commence sa quête. D'abord, il se met à l'écoute de l'enseignement de deux maîtres réputés. Puis, toujours insatisfait, il se livre, pendant près de cinq ans, à l'ascèse la plus dure avec quelques compagnons. Il est alors connu sous le nom de Shakyamuni, le sage silencieux des Shakyas. L'ascèse le mène aux portes de la mort, mais sans le faire progresser. Il y renonce donc, s'attirant le mépris de ses compagnons qui l'abandonnent. Il s'installe sous un arbre, un pipal, non loin du hameau d'Uruvilva, qui deviendra plus tard pour les bouddhistes du monde entier, sous le nom de Bodhgaya, le plus important de tous les pèlerinages.

C'est là que Mara, dieu puissant, maître de l'illusion qui retient les êtres dans le monde des naissances et des morts, se manifeste, s'efforçant d'abord de l'effrayer par l'intervention de ses armées, puis de le tenter par la beauté de ses filles. Devant ces deux échecs, Mara s'avance lui-même arguant des innombrables mérites qui lui valent sa position présente. Shakyamuni ne fait qu'un geste : il pose la main sur le sol, et la déesse de la terre jaillit à son appel, témoignant que ses mérites sont en nombre infiniment supérieur et lui vaudront immanquablement de parvenir à la dignité de bouddha. Vaincu, Mara se retire. Et de fait, dans les heures qui suivent, celui qui fut le prince Siddhartha, l'ascète Shakyamuni traverse l'expérience qui fait de lui un être parfaitement et pleinement éveillé.

**La preuve par les miracles**

Le Bouddha séjourne encore sept semaines sur le lieu de l'Éveil. Puis après avoir longuement hésité à enseigner, il se rend à Sarnath, près de Bénarès où il retrouve ses cinq anciens compagnons d'ascèse qui reçoivent son premier sermon et deviennent ses disciples. Dès lors, la communauté ne cesse de s'agrandir. Peu après l'Éveil, le Bouddha rend visite à son clan. D'abord réticent, le roi Shuddhodana se range avec joie parmi ses fidèles et nombreux sont alors les membres du clan qui le rejoignent. Parmi eux, le jeune Ananda devait devenir le disciple le plus proche du Bouddha, celui dont l'excellente mémoire ferait le dépositaire d'une part importante des enseignements.

La vie suit alors un rythme immuable. Voyages de ville en ville à la cadence de la marche des religieux sur les routes de la vallée du Gange, enseignements, conversions, rencontre avec un roi, un riche marchand, un humble paysan... Parfois, le Bouddha, qui répugnait pourtant à faire démonstration de ses pouvoirs surnaturels, se livre à un miracle. Ainsi, à Sravasti, il remet à leur place six chefs de sectes hostiles en s'élevant dans les airs, émettant de son corps jets d'eau et langues de feu, avant de multiplier sa propre image à l'infini.

Les dernières années du Bouddha sont assombries par le massacre quasi total de son clan, par des querelles stériles entre moines et par les tentatives de l'un de ses cousins, Devadatta, pour le faire disparaître. Ayant échoué, Devadatta commet l'irréparable en suscitant un schisme. Le Bouddha a alors près de 80 ans. Bien qu'affaibli par l'âge et par la maladie, il se met en route pour Kusinagara. Il n'y parviendra jamais. Non loin du but, il est contraint de s'arrêter dans un bois où on l'allonge sur un lit de fortune. C'est là qu'il reçoit une dernière conversion et s'assure, en questionnant ses disciples, que son enseignement a été bien compris. « Les éléments qui conditionnent et les choses conditionnées ont pour nature la déformation. Soyez attentifs et sans négligence. » Ce sont ses dernières paroles. Après sept jours d'hommages ininterrompus, a lieu la crémation. Les cendres seront ensuite, non sans quelques tensions, partagées entre les représentants de huit royaumes qui en réclament la garde. Le Bouddha n'est plus et il n'est plus pour lui de renaissance. Le *dharma*, son enseignement, est désormais le refuge. ■

# Les Quatre nobles Vérités

## La Voie de la libération

**Thierry-Marie Courau**

**Dans son premier discours à Bénarès, le Bouddha enseigne comment guérir l'humanité de ses maux. Tel un médecin, il énonce un diagnostic (la vie est souffrance), recherche la cause de la maladie (la soif), voit si la guérison est possible et prescrit un remède, que sont les huit éléments justes.**

Après avoir vécu dans la facilité d'un monde clos et heureux, Gautama est confronté à sa rupture. Il en découvre l'insatisfaction foncière sous les formes de l'irruption de la maladie, de la vieillesse et de la mort. Prenant conscience que celles-ci appartiennent de façon définitive à toute existence, heureuse ou malheureuse, succédant elle-même à une autre au sein du « cycle des existences », il part sur les routes à la recherche d'une libération totale et définitive de celui-ci. Il cherche des maîtres, expérimente les mortifications les plus extrêmes et les états de conscience les plus étonnants, sans trouver satisfaction et libération. Ce n'est qu'en ayant décidé de suivre son propre chemin qu'il fait l'expérience de voir les choses de façon juste, qu'il s'éveille à la réalité telle qu'elle est, qu'il comprend comment fonctionnent son esprit et son rapport au monde. Cela se produit dans un lieu aujourd'hui appelé Bodhgaya. Gautama reçoit, à la suite de cette expérience fondatrice, le nom d'Éveillé, qui se dit « Bouddha ». Son éveil n'est pas de l'ordre d'une illumination ou d'une extase, mais d'une compréhension profonde qui libère et fait accéder au salut. L'Éveillé sait qu'il ne reprendra pas naissance dans une nouvelle existence, il sait que le feu de l'insatisfaction foncière est définitivement éteint.

## Le sermon de Bénarès

Peu après cette expérience, Gautama le Bouddha enseigne ce qu'il a découvert à ceux qui vont devenir ses premiers compagnons (et seront appelés des *bhikkhu*, « ceux qui reçoivent »). Le premier enseignement qu'on lui attribue porte le nom de *sutra* de la Mise en mouvement de la roue de la Loi. Il est aussi désigné comme le sermon de Bénarès, ou encore le discours sur les Quatre nobles Vérités. Celles-ci ont pour objet de tracer la voie vers la libération.

Les Quatre nobles Vérités peuvent être brièvement énoncées ainsi :

- Voici ce qu'est *dukkha*.
- L'origine de *dukkha* est la soif.
- Il existe une cessation à *dukkha* : c'est la cessation complète de cette soif.
- Ce qui conduit à cette cessation est le chemin aux huit éléments justes.

Pourquoi conserver ici le terme pali *dukkha* ? Tout simplement parce que cet élément sur lequel s'appuie la doctrine bouddhique ne peut pas être traduit par un mot français unique, comme beaucoup d'autres expressions bouddhiques qui nous viennent d'Asie. Il désigne une réalité fort complexe, avec des nuances à la fois psychologiques et philosophiques, beaucoup plus large que ne peut le dire une traduction au moyen des seuls termes de douleur ou de souffrance. Lorsque ces derniers vocables sont employés sans préparation, ils conduisent à laisser croire que le bouddhisme est, d'une part, la religion du pessimisme : « tout est souffrance », et d'autre part, qu'il est une voie qui promet la mort de la douleur. Or ni l'une ni l'autre de ces visions n'est exacte. Les traditions bouddhiques, qui se sont développées sur des terres qui n'étaient ni indiennes, ni bouddhiques, se sont elles-mêmes trouvées confrontées à cette question sur le sens de *dukkha*. Il ne nous revient pas d'entrer ici dans le détail.

## Guérir le corps et l'esprit

Une fois notre attention attirée par cette difficulté, il vaut la peine de tenter une traduction française qui puisse nous aider à comprendre ce que désigne le terme. Nous proposons ici celle de « mal-état », « mal-être », « non-satisfaction » ou même encore de « souffrance » en gardant à l'esprit ce que nous venons de souligner.

Le constat de cette non-satisfaction est le premier élément de la doctrine bouddhique. Elle est comme le symptôme de la maladie : « Voici ce qui est votre non-satisfaction, votre mal-être. » Ce qui est non satisfaisant (*dukkha*) peut être considéré selon trois niveaux. Le premier concerne la vue habituelle négative des états de l'existence : la naissance (le traumatisme de la sortie du ventre de la mère, par exemple), la vieillesse, la maladie, la mort. Le deuxième parle de la difficulté de la relation aux êtres et aux choses (être uni à ce que l'on n'aime pas, être séparé de ce que l'on aime, ne pas avoir ce que l'on désire). Le troisième s'applique à une explication des éléments de toute expérience humaine (marquée par l'activité de saisie, de rejet ou d'aveuglement).

Une autre façon de parler de la non-satisfaction est d'en distinguer trois plans : ce que nous cherchons à éviter – comme ce qui modifie notre corps ou notre psychisme de façon négative (douleur ou souffrance) –, les moments de plaisir qui ne durent pas, et, enfin, la totalité du monde qui est sujet à la modification permanente alors que nous voudrions que tout soit stable.

Quelle que soit l'approche, reconnaître la non-satisfaction de toute chose, c'est admettre qu'on ne peut plier le monde à ses passions, à ses appétits, à ses attentes. Que la réalité résiste à l'imagination qui veut que tout puisse être permanent, stable, solide. Ceci n'a rien de pessimiste, mais se veut une attitude lucide face à l'existence.

La deuxième Vérité fait le diagnostic : la source de cette non-satisfaction est la soif de prendre ou de rejeter, la cupidité, l'avidité.

La troisième Vérité affirme que la guérison est possible. La possibilité de l'extinction de la non-satisfaction ne porte pas en elle la fin de l'émotion ou de la douleur, de la maladie ou de la mort, mais elle conduit à les voir comme des éléments de l'existence, ni plus ni moins.

La quatrième Vérité présente l'ordonnance : le chemin de libération. Ses huit éléments sont rassemblés en trois disciplines : comportementale, mentale et réflexive. C'est le chemin des attitudes justes, qui ne conduit pas à l'absence de la douleur, mais à une modification de son rapport avec elle. Le chemin, en se situant hors des extrêmes que sont la volupté et les mortifications, est aussi appelé « Voie du milieu ».

La proposition fondamentale des Quatre nobles Vérités se veut de l'ordre d'une guérison d'un mauvais fonctionnement de l'ensemble du corps et de l'esprit qui trouve son origine dans la soif de saisie et le refus de perdre. Soif de prendre et refus de lâcher qui sont des postures sans fondement, car ce que l'humain cherche à tenir est non permanent, toujours changeant, et dénué de toute existence en soi. Tout est interdépendant, co-émergeant et co-disparaissant, inter-relatif et non substantiel. Y compris le Bouddha et les êtres humains. C'est en cherchant à tenir à tout prix l'intenable que l'existence devient intenable. Tel est le paradoxe dans lequel se tient l'humain. ■

# Extrait du sutra de la mise en mouvement de la roue de la Loi

« Ainsi ai-je entendu.

Le Bienheureux se trouvant au parc des Gazelles à Isipatana, près de Bénarès, s'adressa ainsi aux cinq *bhikkhu* :

(...) Voici, ô *bhikkhu*, la noble Vérité sur *dukkha*. La naissance est *dukkha*, la vieillesse est *dukkha*, la maladie est *dukkha*, la mort est *dukkha*, être uni à ce que l'on n'aime pas est *dukkha*, être séparé de ce que l'on aime est *dukkha*, ne pas avoir ce que l'on désire est *dukkha*, en résumé, les cinq agrégats d'attachement sont *dukkha*.

Voici, ô *bhikkhu*, la noble Vérité sur la cause de *dukkha*. C'est cette soif qui produit la re-existence et le re-devenir, qui est liée à une avidité passionnée et qui trouve une nouvelle jouissance tantôt ici, tantôt là, c'est-à-dire la soif des plaisirs des sens, la soif de l'existence et du devenir, et la soif de la non-existence.

Voici, ô *bhikkhu*, la noble Vérité sur la cessation de *dukkha*. C'est la cessation complète de cette « soif », la délaisser, y renoncer, s'en libérer, s'en détacher.

Voici, ô *bhikkhu*, la noble Vérité sur le Sentier qui conduit à la cessation de *dukkha*. C'est le noble Sentier octuple, à savoir : la vue juste, la pensée juste, la parole juste, l'action juste, le moyen d'existence juste, l'effort juste, l'attention juste, la concentration juste.

(...) Ainsi parla le Bienheureux, et les cinq *bhikkhu*, contents, louèrent ses paroles. »

**Walpola Rahula,**
***l'Enseignement du Bouddha***
***d'après les textes les plus anciens***
**(Le Seuil, 2004).**

# Karma, samsara et nirvana

## Le cycle des renaissances

**Philippe Cornu**

**Karma, samsara et nirvana sont des notions-clés du bouddhisme, et pourtant, elles figurent parmi les plus malmenées en Occident, où certains s'ingénient à les édulcorer tandis que d'autres continuent à les juger négativement ou à les détourner de leur sens premier.**

Termes sanskrits forgés dans la spiritualité indienne, karma, samsara et nirvana sont communs à l'hindouisme, au jaïnisme et au bouddhisme, tout en revêtant des sens différents. Il faut en outre souligner l'étroite relation entre ces trois termes, la juste compréhension de l'un d'eux dépendant de l'intelligence que l'on a des autres. Enfin, et voilà qui complique notre tâche, ces concepts n'ont pas tout à fait la même définition dans le bouddhisme ancien et dans le Grand véhicule (voir p. 43).

## Le karma, un acte individuel et intentionnel

Le karma du brahmanisme de l'époque védique désignait l'acte rituel faste par lequel le brahmane participait au maintien de l'ordre cosmique ou *dharma*. Il est devenu dans les *Upanishads* l'acte qui maintient le « soi » ou *atman* au sein du cycle des réincarnations successives ou samsara. Teinté de valeur morale, il préside alors à la renaissance des individus dans une caste donnée ; il doit être accepté et assumé, et seul un nouveau karma positif permettra d'améliorer sa condition dans la vie suivante. Se libérer du samsara, c'est s'affranchir du karma pour ne plus renaître et s'unir à l'Absolu, le *Brahman*.

Pour le bouddhisme, le karma est un acte intentionnel effectué sous l'influence de la croyance en un « soi » individuel, et qui vise à perpétuer ou à renforcer le sentiment égotique. À l'origine du karma, il y a donc la croyance au « moi », et derrière cela, un aveuglement qui nous voile la réalité. Ne sachant ni ce qu'il est ni la raison de son existence, l'individu s'imagine posséder un « soi » personnel permanent. Or, celui-ci n'est qu'une projection mentale plaquée sur les phénomènes transitoires qui composent le « soi », à savoir les « cinq agrégats » : le corps, les ressentis, les représentations mentales, les facteurs karmiques antérieurs et les instances de conscience. Ces agrégats ne forment en réalité qu'un assemblage transitoire, même si nous nous efforçons à chaque instant d'en consolider ou d'en confirmer l'existence illusoire. Tout acte mental ou physique visant à ce but est donc un karma. Ces actes, même les plus infimes,

ZOOM

**Les actes purs**

Le karma bouddhique est un acte qui se projette dans l'avenir, animé par la soif d'un devenir personnel. Cette intention fait de l'acte une cause dont les effets apparaîtront à long terme. De cette définition, il découle que le karma est individuel mais aussi que toute action n'est pas forcément un karma. Ainsi, selon le canon pali, certains actes neutres, appelés « actes purs », ne produisent aucun effet conditionnant. Il s'agit soit d'actes courants effectués sans intention positive ou négative (marcher, s'asseoir...), soit encore les actes accomplis par un bouddha ou un « libéré » dégagé de toute illusion.

affectent non seulement des objets extérieurs ou d'autres êtres autour de nous, mais également le courant de conscience qui les a vus naître. L'intention de l'acte conditionne les instants suivants de l'esprit et se comporte comme une semence de situations à venir. Plus tard, quand les conditions le permettront, l'effet de l'acte se manifestera : ce sera la rétribution ou fruit du karma, faisant écho à l'intention qui lui a donné naissance.

Ici se joue l'aspect éthique du karma : la motivation de l'acte est dictée par nos désirs et nos aversions, fruit de la croyance au « soi ». Sous son emprise, je réagis à l'objet qui se présente à moi selon le ressenti que j'en ai : est-il agréable, plaisant ou désirable que je cherche à m'en saisir ? Est-il laid, menaçant ou désagréable que je le repousse, l'agresse ou m'en défends. Si, par mon acte, je cause de la souffrance à autrui, le karma produit est défavorable. Si au contraire je viens en aide à autrui ou soulage sa souffrance, le karma accompli est favorable. Conditionné, l'acte accompli devient à son tour conditionnant quand son fruit vient à mûrir : son goût sera amer ou doux selon l'intention qui y a présidé, mais même bon, il mûrit toujours dans le samsara.

## Le samsara, un océan de souffrance

Le samsara ou cercle vicieux des existences désigne précisément la condition misérable des êtres assoiffés de devenir et conditionnés par le karma. En l'absence d'un « soi » réellement existant, il n'y a certes pas de réel auteur des actes, et cependant, le courant de conscience est affecté par les actes. C'est le paradoxe bouddhiste : il n'y a pas d'être mais du devenir, pas d'auteur mais des actes. Et la croyance des êtres en la réalité de leur « soi » leur en fait subir les conséquences : la prolongation indéfinie d'une errance conditionnée par l'ignorance. Ainsi donc, le samsara est la recherche désespérée d'un but inatteignable. Il en résulte une infinité de souffrances et de tribulations absurdes. Dans le samsara, les êtres sont des « migrants ». Dans leur quête impossible, obsédés par leur soif de bonheur égoïste, ils s'agitent et accumulent ainsi une incroyable quantité de karmas qui sont autant de forces aliénantes façonnant leur devenir. Quand vient la mort – qui n'est que la destruction des cinq agrégats réunis pendant une vie – la force potentielle du karma accumulé les projette vers l'existence suivante. Telles sont les « renaissances », tantôt heureuses tantôt douloureuses – toujours décevantes – que l'on doit éviter de nommer « réincarnations » dans le bouddhisme, celles-ci supposant l'existence d'un « soi » réel passant de corps en corps. Les textes et les maîtres bouddhistes résument ainsi l'absurdité de l'existence dans le samsara et de ses souffrances sans fin :

« Tous les êtres animés qui peuplent par milliards l'immensité de l'univers, jusqu'au plus petit, désirent tous être heureux et ne pas souffrir. Cependant, malgré leurs efforts incessants pour y parvenir, aucun d'entre eux ne comprend que le bonheur résulte des actes vertueux, et la souffrance, des actes malveillants. C'est ainsi que, tournant le dos à leur propre bien-être, ils se précipitent aveuglément vers le malheur. »

Tout cela peut sembler bien désespérant ! Le bouddhisme serait-il, comme l'ont pensé ses détracteurs occidentaux, une religion pessimiste ? Elle pourrait l'être si elle se cantonnait à cet amer constat. Mais le Bouddha enseigne dans les Quatre nobles Vérités qu'il existe des moyens pour mettre un terme à cette souffrance de l'errance.

## Le nirvana, l'au-delà de la souffrance

Le nirvana n'est pas un paradis où se mettre à l'abri du samsara, car pour le bouddhisme, les paradis célestes des dieux, fruits d'un karma particulièrement favorable, n'échappent pas au samsara, n'étant que d'agréables séjours offrant un répit passager à la souffrance. Le nirvana n'est pas non plus un paradis artificiel obtenu à grand renfort d'extase par des méditants qui fuiraient le monde et ses fureurs – ni un anéantissement de l'être. Alors qu'est-il ? Les textes anciens ne sont guère prolixes sur sa définition, comme on peut en juger dans ce *sutra* (*Udana*, VIII, 1) : « Il est, ô moines, un domaine où il n'y a ni terre, ni eau, ni feu, ni vent, ni domaine de l'infinité de l'espace ni domaine de l'infinité de la conscience, ni domaine du néant ni domaine sans perception ni absence de perception, ni ce monde-ci ni l'autre monde, ni soleil ni lune ; celui-là, ô moines, je ne l'appelle ni allée ni venue, ni durée, ni décès, ni renaissance, car il est dépourvu de fondement, de progression et de support : c'est la fin de la souffrance. »

Il s'agit donc de l'au-delà de la souffrance, d'un état de liberté complète obtenu lorsque l'on s'est affranchi des conditionnements du samsara et de leurs causes. C'est la cessation définitive du samsara, mais non un retrait passif hors du monde. C'est en effet le fruit d'une pratique énergique, qui consiste à adopter une conduite éthique irréprochable à l'égard de tous les êtres – la discipline ; à dompter son esprit par la méditation qui consiste à apaiser pensées et passions pour accéder à la vision claire de la réalité ; et à développer la sagesse, laquelle dissout l'illusion du « soi » et la croyance à l'existence réelle des phénomènes qui nous entourent. Quand une telle pratique porte ses fruits, le karma résiduel s'épuise, les « actes » ne sont plus créateurs de conditionnements à venir, et le rideau de l'illusion samsarique s'écroule pour laisser place à la vision du réel dénué de toute surimposition. Ainsi, le monde n'est ni bon ni mauvais, ni samsara ni nirvana. C'est le regard ignorant que nous portons sur lui ainsi que nos actes (karma) qui conditionnent la forme douloureuse que ce monde revêt pour nous. ■

# La diffusion du bouddhisme

## Une religion panasiatique

**Dominique Trotignon**

**Le Bouddha a encouragé ses disciples à répandre la « bonne Loi ». Mais ce n'est que deux siècles après sa mort, avec la conversion de l'empereur indien Ashoka, que le bouddhisme entame sa réelle expansion en Asie.**

Le bouddhisme s'est toujours voulu une religion missionnaire : dès que la communauté a compté soixante disciples parvenus à l'Éveil, le Bouddha les a poussés à « parcourir le monde et diffuser la bonne Loi, pour le bonheur et le profit du plus grand nombre ». Toutefois, une règle impose aux moines de n'enseigner que si la demande leur en a été faite par trois fois.

Au ve siècle avant notre ère, la diffusion du bouddhisme n'avait guère dépassé la vallée du Gange que le Bouddha a parcourue durant quarante ans de prédication. Quelques disciples semblent avoir été jusqu'à la côte ouest de l'Inde, peut-être aussi jusqu'aux premiers contreforts de l'Himalaya. Durant un siècle, la communauté monastique se divise en « citadins », installés dans les grandes villes, et en « itinérants » qui parcourent le reste du pays. Ces derniers trouvent les premiers laxistes et trop proches des laïcs dans leur mode de vie ; ils souhaitent plus de rigueur dans le respect des règles instituées par le Bouddha, car les moines sont censés prêcher par l'exemple autant que par la parole… Très minoritaires encore, ils entendent frapper les esprits par leur droiture.

La situation va considérablement changer au IIIe siècle avant notre ère, avec l'avènement d'Ashoka, premier souverain qui parvient à réunir sous son autorité la quasi, totalité du sous-continent indien. Après avoir conquis par la force son vaste territoire, Ashoka regrette sa violence et se convertit au bouddhisme. La paix qui règne désormais profite aux bouddhistes. Ashoka lui-même se targue d'avoir envoyé des missions jusqu'en Grèce et en Égypte – mais nul ne sait si elles y sont parvenues… On est sûr, en revanche, que son fils et sa fille « évangélisent » Ceylan (Sri Lanka), où le bouddhisme est aussitôt adopté. D'autres missions parviennent en Birmanie et au Gandhara, territoire recouvrant une partie de l'Afghanistan et du Pakistan actuels, porte d'entrée des routes de la Soie.

### Sur les routes de la Soie

En Inde, le bouddhisme se répand grâce aux moines itinérants, mais c'est par les marchands qu'il se diffuse le long des routes de la Soie. Cette classe montante, peu appréciée des brahmanes, adopte vite cette religion qui paraît plus conciliante. Aux alentours de l'ère chrétienne, l'Inde du Nord et le Gandhara, soumis à plusieurs vagues d'envahisseurs, forment un creuset culturel où le bouddhisme se trouve confronté à des influences nombreuses, et s'adapte... Les premiers développements du mahayana favorisent un bouddhisme plus dévotionnel. Le bouddhisme devient, de plus en plus, une religion de masses populaires. Les monastères s'implantent alors le long des routes commerciales. On en trouve tout le long des côtes de l'Asie du Sud-Est, en Indonésie, jusqu'aux Célèbes... aux portes de l'Iran, autour du désert du Taklamakan en Asie centrale, aux confins de la Chine. Chaque cité-État, port maritime ou oasis du désert, abrite un ou plusieurs monastères ; la grande majorité d'entre eux diffuse les enseignements du mahayana ou de l'école ancienne des sarvastivadin ; l'école orthodoxe de la « Voie des Anciens », elle, n'est guère présente qu'à Ceylan et dans le royaume des Mons, en basse Birmanie.

## L'Empire du Milieu

Le bouddhisme parvient en Chine au début de l'ère chrétienne, avant tout grâce aux textes transmis depuis l'Asie centrale. Ces textes, originaux ou déjà traduits, sont épars et disparates. On a d'abord tenté de les traduire dans le vocabulaire taoïste. Il en résulte beaucoup de confusion... Du V^e^ au X^e^ siècle, de nombreux pèlerins feront le voyage jusqu'en Inde à la recherche de textes originaux ou de l'enseignement direct de maîtres. De nouvelles traductions permettent d'établir un canon hiérarchisé, et une dizaine d'écoles se créent, le plus souvent en fonction du texte qu'elles considèrent comme le plus important. Chacune d'elles met l'accent sur un type de pratique particulier : récitation du nom du Bouddha Amida dans l'école de la Terre pure, pratique quasi exclusive de la méditation assise dans l'école du *chan* (le *zen* japonais).

Le bouddhisme, cependant, apparaît choquant à de nombreux Chinois, surtout confucéens. La vie monastique, l'aumône et le célibat des moines, notamment, mettent en cause la suprématie de l'Empereur, le culte des ancêtres, le rôle économique et social des individus. Le bouddhisme réussit néanmoins à s'implanter en « profitant » d'une longue période de troubles politiques. Mais les riches et les puissants, donateurs indispensables à la survie des institutions monastiques, sont des mécènes prompts à retirer leur protection. Le bouddhisme connaîtra plusieurs vagues de persécutions dont la plus importante, en 845, faillit l'annihiler.

Entre-temps, il s'est répandu au Vietnam, en Corée et, de là, au Japon, grâce au soutien des dirigeants et des élites. Au Japon, une profonde mutation aura lieu au XIIIe siècle, pendant une période de troubles considérée comme la « fin des temps ». La situation favorisera l'émergence de nouvelles écoles japonaises, qui cherchent à simplifier la pratique pour une plus grande « efficacité » et rompent souvent avec la tradition monastique.

### Un ensemble complexe : l'Asie du Sud-Est

Au début de l'ère chrétienne, le bouddhisme devient aussi florissant en Asie du Sud-Est. Les souverains semblent avoir été plutôt sensibles au brahmanisme, qui propose une structure sociale cohérente, basée sur le système des castes. Mais certains adoptent le bouddhisme qui s'est implanté dans le peuple – sensible, lui, au message de salut individuel ou à la promesse d'une future vie bienheureuse chez les dieux.

Du Vᵉ au Xᵉ siècle, un syncrétisme complexe se met en place : au brahmanisme et au bouddhisme ancien, s'ajoutent le shivaïsme et les écoles du mahayana et du vajrayana. Les élites adoptent surtout les formes religieuses les plus complexes, qu'elles croient à même d'assurer leur pouvoir ou de glorifier le souverain. Le vajrayana connaît un succès incontestable en Indonésie, comme en témoigne le plus vaste monument bouddhique : le *stupa*-montagne de Borobudur, construit vers 800 à Java. Des universités célèbres voient aussi le jour, que fréquentent des pèlerins chinois et indiens.

Dans le vaste empire khmer, le mahayana supplante un temps le shivaïsme, au XIᵉ siècle. Il offre au souverain Javayarman VII un idéal de royauté spirituelle ; celui-ci n'hésite pas à se considérer comme un *bodhisattva* et il fait orner de son visage les tours du Bayon, le temple-montagne d'Angkhor-Thom. Le peuple, de son côté, reste fidèle aux écoles anciennes, au sein desquelles les croyances animistes trouvent leur place – et aussi parce que le mahayana représente le système adopté par le pouvoir !

D'importants bouleversements politiques, dus à l'invasion de peuples sino-tibétains (Birmans, Thaïs, Laos...), favorisent finalement la prééminence de l'école theravada de Ceylan sur l'ensemble de la péninsule indochinoise.

## Le Toit du monde

Le bouddhisme parvient « officiellement » au Tibet au VIIe siècle mais il y était déjà connu avant, par la Chine et les royaumes d'Asie centrale. Très vite, les Tibétains adoptent le bouddhisme indien des écoles du vajrayana, alors très influentes en Inde du Nord. Un débat célèbre se déroule, à la fin du VIIIe siècle, entre représentants du *chan* chinois et du tantrisme indien. On conserve deux versions de cette rencontre : la tibétaine déclare que le vainqueur fut l'Indien ; la chinoise donne la victoire au Chinois. Le Tibet a officiellement choisi son camp… essentiellement pour des raisons politiques !

Une période de répression ralentit quelque temps cette première diffusion mais elle reprend au XIe siècle : les Tibétains créent alors un alphabet et une grammaire de leur langue pour traduire la littérature bouddhique indienne. Ils disposent d'un canon déjà systématisé, offrant une synthèse de plus de mille ans d'histoire et d'évolution, selon le point de vue des écoles du vajrayana. De nombreux échanges ont lieu pour recevoir et transmettre les enseignements oraux « secrets ». Plusieurs écoles voient le jour, au gré des traductions et des transmissions orales : la plus ancienne prend le nom de Nyingma (les Anciens), les « nouvelles » se divisent en Kagyu et Sakya. La plus récente, celle des Gelug, est proprement tibétaine et n'apparaît qu'au XIVe siècle. Ces institutions monastiques joueront un rôle déterminant dans l'histoire politique du Tibet, du fait de leur puissance idéologique et économique, et plusieurs écoles se succéderont à la tête du pays, en fonction d'alliances avec les puissances voisines, chinoises ou mongoles (ainsi des dalaï-lamas, « intronisés » par les Mongols, au XVIe siècle).

Au XVe siècle, le bouddhisme est présent dans l'ensemble de l'Asie orientale et extrême-orientale, ce qui constitue un phénomène unique sur ce continent. Il est la seule religion réellement panasiatique. Sa progression vers l'ouest, en revanche, a été bloquée par le développement de l'islam au Moyen-Orient, et c'est aussi l'islam qui le supplantera, petit à petit, en Asie centrale, en Inde et en Indonésie. Il faudra attendre la fin du XIXe siècle et la mondialisation due aux colonisations européennes pour qu'il reprenne sa route vers l'Occident… avec le succès qu'on connaît. ▪

# Petit véhicule, Grand véhicule

## Les différents enseignements

**Dominique Trotignon**

**L'enseignement du Bouddha est appelé « véhicule » car il permet de progresser sur la Voie. Le Petit véhicule ne considère que l'enseignement transmis par le Bouddha historique selon la voie monastique des Anciens. Le Grand véhicule, lui, considère que les enseignements d'autres bouddhas ou *bodhisattvas* sont possibles.**

L'expression « véhicule » désigne l'enseignement du Bouddha, selon une image traditionnelle en Inde qui présente les maîtres spirituels comme des « passeurs de gué » menant les êtres au-delà du « fleuve » du samsara (le cycle des naissances et des morts) jusqu'à la rive bienheureuse du nirvana. On compare aussi l'enseignement du Bouddha à un char (*yana*) qui permet de progresser sur la Voie.

L'opposition entre Petit véhicule (hinayana) et Grand véhicule (mahayana) apparaît dans des textes du Ier siècle avant notre ère. Dominant l'histoire du bouddhisme, elle est citée par toutes les écoles d'Extrême-

Orient, du Tibet, de Mongolie et des pays himalayens, mais elle n'est presque jamais évoquée en Asie du Sud-Est (Sri Lanka, Birmanie, Thaïlande, Cambodge et Laos) où l'on suit l'enseignement de l'école theravada, présentée comme relevant du Petit véhicule.

## Une nouvelle littérature

La littérature la plus ancienne présente le Bouddha comme l'unique enseignant. Il s'adresse à un public varié : moines et laïcs bouddhistes, Indiens ordinaires, rois, brahmanes ou ascètes d'autres courants religieux. À chacun, il propose un discours adapté, sous forme d'un enseignement graduel aux « 84 000 portes d'entrée ». Cet enseignement préconise le détachement du monde ordinaire, si possible par l'engagement dans la voie monastique ; il s'agit de maîtriser ses passions afin de mettre fin à la croyance dans le « moi » individuel, d'obtenir ainsi la libération du samsara pour enfin parvenir à « l'extinction complète » (parinirvana) qui met un terme au cycle des renaissances. Le Bouddha historique, au terme de sa dernière vie, connaît cette « extinction » qui le sépare définitivement de ses disciples, auxquels, cependant, il laisse son enseignement. On dit que « rien n'a été gardé secret dans le poing fermé du maître » et le Bouddha lui-même déclare : « Je vous ai enseigné tout ce qui est utile à la Libération. »

Les textes du Grand véhicule vont bouleverser cette vision. Pour eux, le Bouddha n'est pas le seul enseignant. D'autres bouddhas existent en même temps, dans d'autres univers, qui délivrent aussi un enseignement salvateur. De plus, le Bouddha Gautama n'est pas « vraiment » un homme, comme le présentaient les textes anciens : il est la manifestation d'un bouddha transcendant. Ce bouddha « apparitionnel » a aussi délivré des enseignements, si profonds qu'ils ont été tenus secrets jusque-là ou transmis seulement à des êtres exceptionnels, les *bodhisattvas*, qui visent « l'Éveil complet et parfait des Bouddhas ». Cet Éveil « insurpassable », selon eux, ne mène pas à « l'extinction complète » : les bouddhas font semblant de « s'éteindre » mais demeurent actifs dans le samsara et continuent d'enseigner ceux qui sont capables de les voir et de les entendre. Les textes du Grand véhicule présentent cet enseignement « réservé » aux *bodhisattvas*. Il est appelé Grand véhicule parce qu'il a un objectif ambitieux, plein de « grandeur » : non pas sortir du samsara mais, par compassion pour les êtres souffrants, continuer d'y œuvrer pour enseigner. Les *bodhisattvas* emmèneraient avec eux toute l'humanité vers la délivrance et l'Éveil, alors que les textes anciens ne proposeraient, eux, qu'un Petit véhicule que chaque individu emprunterait en vue de sa seule libération.

La nouveauté de ces idées divisa la communauté en deux : les adeptes de la seule « Voie des Anciens », ou voie des *bhikshu*, la voie monastique ; et ceux du Grand véhicule, qui jugeaient la voie des *bhikshu* « inférieure » et prônaient de suivre uniquement celle des *bodhisattvas* (le Grand véhicule ou Véhicule unique).

## Le *bodhisattva* : solitaire ou auditeur ?

Cette opposition, cependant, ne peut être comprise si l'on n'évoque pas une querelle plus ancienne, sans laquelle le Grand véhicule n'aurait peut-être jamais vu le jour...

À peine un siècle après la disparition du Bouddha, ses disciples s'interrogèrent sur la manière dont il était parvenu à l'Éveil : avait-il cheminé seul, sans recevoir d'enseignement et en découvrant par lui-même ce qu'il avait ensuite transmis ou, au contraire, avait-il été auditeur de l'enseignement de bouddhas plus anciens, rencontrés au cours de sa « carrière de *bodhisattva* » ?

Sur ce point, les textes n'étaient pas très clairs... Les plus nombreux affirmaient qu'il avait cheminé seul. Mais deux ou trois textes du canon conservé pieusement par la communauté affirmaient qu'il avait été enseigné par au moins deux bouddhas du temps passé... Rien ne permettant de trancher, il fallait choisir en fonction de son « intime conviction » ! La communauté se divisa.

Pour les uns, un seul enseignement était possible : celui que le Bouddha, après son parcours solitaire, avait transmis à ses auditeurs et qui proposait de suivre la voie monastique des « Anciens » (le terme « Ancien » désigne un grade monastique correspondant à dix ans d'ordination). Pour les autres, il existait plusieurs enseignements, non seulement celui délivré aux futurs moines, mais aussi celui que le Bouddha avait reçu de ses prédécesseurs, réservé à ceux qui s'engageaient, comme lui, sur la « Voie des *bodhisattvas* ». Ceux-là, majoritaires, s'appelèrent « la Grande assemblée ». Les uns et les autres considéraient ainsi qu'il n'existait qu'un seul enseignement, un seul véhicule : celui qu'ils transmettaient eux-mêmes... Dans les textes du Grand véhicule, c'est le « véhicule unique » des « Anciens » qui est considéré comme un « Petit véhicule ».

### Un succès à relativiser

Les idées du Grand véhicule connurent un succès indéniable en Inde et se répandirent en Asie centrale, en Extrême-Orient et au Tibet. Mais, au VIIe siècle, des pèlerins chinois comme Xuanzang constateront que le mahayana n'est enseigné que dans moins de la moitié des monastères bouddhistes indiens et qu'il n'a pas détrôné les autres écoles. Le courant de la Voie des Anciens a poursuivi son évolution et a même connu plusieurs schismes. Ces écoles schismatiques, florissantes dans le nord de l'Inde, rassemblent presque autant d'adeptes que le mahayana. Le seul courant « orthodoxe » de la Voie des Anciens, en revanche, n'est présent qu'au sud de l'Inde et à Ceylan et il regroupe à peine un sixième des lointains disciples du Bouddha...

Pourquoi, à Ceylan et dans les pays d'Asie du Sud-Est, n'évoque-t-on pas cette opposition entre Petit véhicule et Grand véhicule ? C'est au IIIe siècle avant notre ère que l'enseignement du Bouddha parvient à Ceylan (l'actuel Sri Lanka) via une école de la Voie des Anciens (*sthavira-vada*). Il y est diffusé à partir du Mahavihara, premier monastère fondé dans l'île. Le bouddhisme cinghalais sera d'ailleurs connu en Inde, sous le nom d'école du Mahavihara. Le nom de theravada, sous lequel on le connaît aujourd'hui, apparaît au VIIe siècle. Transcription du terme *sthavira-vada* en pali, il fut choisi à une époque où le mahayana devenait « trop » présent à Ceylan ; les moines cinghalais entendaient marquer leur différence en adoptant le même nom que le courant traditionaliste apparu lors du premier schisme, avant la naissance du Grand véhicule. Mais cela n'empêcha pas le mahayana de se développer à Ceylan.

Au XIIe siècle, le roi Parakkama-Bahu Ier décréta que le Mahavihara serait la seule école orthodoxe du bouddhisme cinghalais, assurant ainsi une suprématie absolue et définitive au theravada. Profitant d'un profond bouleversement politique en Asie du Sud-Est (la migration des peuples birman, thaï et lao, qui envahirent les royaumes Mon et Khmer), le theravada cinghalais en détrôna les écoles plus anciennes qui diffusaient le mahayana.

### Le theravada : le Petit véhicule ?

Ce n'est qu'au XXe siècle qu'on assimila le theravada avec le Petit véhicule. Traditionaliste et conservateur, le theravada affirmait avoir conservé intact l'enseignement du Bouddha ; il se présentait comme la seule école encore existante du bouddhisme ancien – l'enseignement transmis avant l'ère chrétienne, avant l'apparition du Grand véhicule. Les chercheurs occidentaux, adoptant le point de vue du mahayana, présentèrent alors le theravada comme une école du Petit véhicule... Nombre de bouddhistes du Grand véhicule firent de même.

Dans sa réalité historique, pourtant, le theravada n'est pas aussi conservateur qu'il le prétend : il a évolué, en vingt-trois siècles, par exemple en adoptant quelques-unes des idées du mahayana... De plus, les écoles de la Voie des Anciens ne peuvent pas être confondues avec le Petit véhicule : cette expression ne désigne aucune école en particulier mais un type d'enseignement. Or les écoles de la Voie des Anciens connaissent elles aussi la Voie du *bodhisattva* ; elles considèrent seulement qu'elle ne peut s'enseigner. Objectivement, ce point de vue n'est pas « inférieur » à celui du Grand véhicule, il lui est seulement radicalement opposé !

Le Petit véhicule est une expression qu'on ne trouve que dans les textes et qui n'existe réellement qu'au sein du Grand véhicule ; c'est un procédé doctrinal qui permet de faire ressortir les caractéristiques originales du mahayana mais qui se fonde sur une interprétation des textes qui a été refusée par la moitié des bouddhistes indiens. Il est donc plus justifié de parler du theravada comme d'une école de la Voie des Anciens et de ne parler de Petit véhicule qu'au sein de la doctrine du seul Grand véhicule. ■

# Le bouddhisme tibétain

## Une branche singulière

**Laurent Deshayes**

**Implantés au Tibet au VIII^e siècle, les enseignements du Bouddha s'y sont enrichis d'éléments issus des croyances locales pour donner naissance à un bouddhisme spécifique.**

Le bouddhisme de rite tibétain plonge ses racines dans l'enseignement délivré par le Bouddha en Inde. Pourtant, il a des spécificités telles qu'il en constitue une branche singulière : aux éléments communs à l'enseignement diffusé dans le cadre du theravada et du mahayana, s'ajoutent ceux du vajrayana, le Véhicule de diamant, et des influences de la croyance et de la religion populaires.

### Le vajrayana

Selon la tradition du Tibet, le Bouddha a donné trois grands cycles d'enseignements en fonction de la subtilité de compréhension de ses disciples, le vajrayana cor-

ZOOM

**Les lignées de transmission**

Le bouddhisme tibétain est constitué de quatre grandes écoles ou lignées, avec chacune ses subdivisions : les Nyingmapa, ou « anciens », les Kagyupa, les Sakyapa, et les Guelugpa, dont est issu le dalaï-lama. Chacune est présidée par un maître qui est la réincarnation du fondateur. Ces écoles partagent un tronc commun de doctrines, de rites et de croyances, mais chacune privilégie la pratique d'un tantra et vénère une divinité protectrice. Les liens entre les lignées sont très étroits, un maître d'une lignée peut être lu et étudié dans une autre.

La lignée Nyingmapa remonte à l'implantation du bouddhisme, au VIIIe siècle. Elle se caractérise par l'enseignement de la Grande perfection et elle accepte un large corpus de textes sacrés, dont les très anciens enseignements que l'on dit révélés par des « découvreurs de trésors spirituels », les *tertön*. Les trois autres lignées sont dites « nouvelles » car apparues lors de la seconde diffusion de la religion indienne aux XIe-XIIe siècles.

respondant au troisième et dernier tour de la « roue de l'enseignement », celui des *tantras*. Il constitue une branche du mahayana, mais il n'aurait été transmis qu'oralement et confidentiellement durant les siècles qui ont suivi la mort du Bouddha et n'a été rédigé que bien après. Sa diffusion à grande échelle a donc été tardive, et il a connu son âge d'or à partir du milieu du Ier millénaire, dans le nord de l'Inde. Si l'on peut y voir des liens avec les mouvements shivaïstes du Cachemire, ou certains courants yogiques du Bengale, il prend toutefois racine dans le theravada, pour la discipline et le renoncement qu'il implique, et dans le mahayana, pour l'altruisme sur lequel il s'appuie.

Son fondement est que la nature de l'esprit libre est simultanément lumière et connaissance, apparence et vacuité ; il est au-delà de toute formulation, de tout concept, y compris du Bien et du Mal. La pleine réalisation spirituelle est donc au-delà du *nirvana* et du *samsara*, l'existence conditionnée par l'identification au « soi ». Fondées sur des enseignements issus des *tantras*, ces techniques méditatives, très complexes, ne peuvent a priori être transmises que par des maîtres spirituels qualifiés à des disciples compétents. Les actions, même les plus banales, les relations sociales, le cadre de vie, le quotidien, tout dans la vie ordinaire est le support de la pratique spirituelle « sans rien rechercher, rien rejeter, sans crainte et sans espoir ».

Pour cela, l'on recourt à des pratiques de yoga, unissant technique physique et posture mentale. Les aspects de l'esprit, innombrables, sont représentés sous la forme de « divinités » dont la parole – le *mantra* –, la symbolique et les méditations ne peuvent être abordées qu'après en avoir reçu l'investiture par un maître confirmé. Si la voie monastique est promue par le theravada, ce n'est pas le cas dans le vajrayana : il s'adresse à tous et, pour celui ou celle qui en a l'aptitude, permet de réaliser ce qu'est la nature fondamentale de l'esprit « en

**Mantra**

**Phrases courtes, composées de mots en sanskrit et d'onomatopées, adressées aux bouddhas ou aux divinités. Le mantra le plus célèbre, *« Om mani padme hum »*, s'adresse au bouddha de la compassion.**

un corps et une vie ». Ainsi ses pratiquants peuvent-ils être marchands, paysans, moines, artisans...

Cette voie spirituelle a disparu du nord de l'Inde avec les invasions musulmanes des XIe et XIIe siècles qui ont entraîné la destruction des grands centres spirituels bouddhistes. Le Tibet devint alors le nouveau foyer du theravada et du mahayana, mais surtout du vajrayana. Ses pratiquants en ont illustré la souplesse, comme le firent, aux XVe et XVIe siècles, les yogis « fous » qui, comme leurs prédécesseurs indiens, manifestaient par leur comportement anticonformiste la liberté pleine et entière de la « folle sagesse ».

### L'apport tibétain

Fort de sa capacité à faire feu de tout bois, le vajrayana s'est implanté au Tibet en conservant ses caractères originaux, tout en s'enrichissant d'éléments nouveaux issus de la culture tibétaine. Ces derniers n'ont apporté aucun réel bouleversement ; des croyances ou des pratiques anciennes appartenant au système du bön (voir encadré) ont dès lors été abordées avec le point de vue du vajrayana.

Ainsi, les cultes rendus aux montagnes sacrées, comme le mont Kailas ou le massif du Kawa Karpo, ont-ils été intégrés en conservant des aspects originels (ablutions, dépôt de pierres en certains points du circuit de pèlerinage...). Des divinités rattachées à ces lieux et à d'autres (cours d'eau, lacs, rochers...) ont aussi été intégrées au panthéon du vajrayana, le plus souvent avec une fonction protectrice, comme les douze *tenma* (déités) qui gardent le Tibet. Il en fut de même pour les médiums qui, en transe, incarnent une de ces divinités locales ; certains, animés cette fois par une « divinité » manifestant un aspect de l'esprit éveillé, ont pu jouer un rôle prépondérant dans l'histoire politique du Tibet, les plus célèbres étant les oracles de Nechung qui ont été les conseillers des dalaï-lamas.

### Le rôle politique des monastères

Mais le plus important est certainement la fonction tenue par les monastères. Au Tibet, ils se sont dès l'origine intégrés au système féodal, au point d'en être une clé. Progressivement, les sièges des lignées religieuses se sont donc trouvés au centre de réseaux spirituels par définition, mais aussi politiques et économiques. Les intérêts ont pu se confondre : le réseau religieux a parfois servi de levier pour mettre en place une clientèle politique. S'il y eut peu de rivalité spirituelle, la rivalité politique et économique a entraîné de nombreux conflits avec une quête de protecteurs laïcs de plus en plus puissants. C'est ainsi que les différents clans mongols, chez qui le bouddhisme de rite tibétain se propage dès le XIII$^{e}$ siècle, ont été des acteurs politiques décisifs

**Dalaï-lama**

**Chef spirituel de la lignée des Guelugpa, une des quatre écoles du bouddhisme tibétain. Depuis le XVII$^{e}$ siècle, il est également le chef temporel du Tibet. La lignée des dalaï-lamas en est à sa quatorzième réncarnation.**

ZOOM

### Le bön, tradition prébouddhique

Le vocable « bön » revêt de multiples sens. Il s'agit d'une manière générale des traditions prébouddhiques que l'on peut diviser grossièrement en trois grandes sections. D'une part, il s'agit d'un système religieux aujourd'hui disparu, dont on ne connaît que quelques bribes par des documents anciens datant de l'époque impériale tibétaine (VIIe-IXe siècles) .

Il s'agit aussi des croyances populaires, de type animiste et chamanique, où les cultes rendus aux montagnes pouvaient avoir un caractère central.

Enfin, il s'agit d'un système religieux originaire de l'ancien royaume du Shangshoung, à la croisée des mondes indien, tibétain et iranien.

Le bouddhisme, lors de la « première diffusion », apparaît comme un rival, peut-être surtout pour des raisons socio-économiques. Les relations entre le système religieux bön et le bouddhisme se renforcent toutefois à partir de la « seconde diffusion » de la religion indienne au Tibet, aux XIe et XIIe siècles. Les emprunts sont nombreux : système monastique, écritures canoniques, structure en lignées...

De nos jours, cette tradition bön, le « Bön du svastika », constitue officiellement une « cinquième lignée » du bouddhisme de rite tibétain ; de cette manière, et grâce au dynamisme de ses maîtres comme Lopön Tenzin Namdak, cette tradition ne s'est pas perdue dans l'exil. Au contraire, elle connaît une renaissance au Tibet et commence à s'implanter en Occident.

jusqu'à l'installation des dalaï-lamas à la tête du pays en 1642, grâce au soutien que leurs armées ont apporté à la lignée Guelugpa, dont le pontife était un des membres influents.

C'est dans ce contexte que l'on peut comprendre la place importante prise par les *tulkous*, le plus célèbre d'entre eux étant le dalaï-lama. Ces personnages, des réincarnations de maîtres passés, sont entrés dans l'imaginaire des Occidentaux et ont largement contribué à l'érection d'un Tibet mythique. Aux XIe et XIIe siècles, alors que naissaient monastères et lignées religieuses, leur direction fut souvent confiée à un membre de la famille du fondateur. Au XIIIe siècle, à l'initiative du karmapa, chef de la lignée des Kagyupa, le système des lignées de *tulkous* s'est institué. En général, pour permettre de retrouver sa prochaine incarnation, le maître laisse des indications sur le lieu de sa renaissance, sa future famille, éventuellement la période de naissance ; munie de ces informations, une mission de recherche est déléguée et si plusieurs enfants correspondent à une ou plusieurs données, des tests sont effectués pour les départager. C'est du moins le principe général. Si, à l'origine, ce système semblait pouvoir offrir des garanties puisqu'il n'était fondé que sur des données spirituelles, dans l'usage, des disputes ont éclaté autour de la reconnaissance des *tulkous* ou de la nomination de leurs régents. À la fin du XXe siècle, deux jeunes Tibétains ont été simultanément reconnus comme 17e karmapa, ce qui suscite une division au sein de la lignée. ■

# Les livres sacrés

## L'écrit sauve la tradition

**Éric Rommeluère**

**Plusieurs siècles après la mort de Shakyamuni, la mise par écrit de la tradition orale a permis de sauvegarder ce qui avait été transmis de génération en génération. L'interprétation de ces écritures, dont la conformité avec les discours originaux n'est pas certaine, occupe une place déterminante dans la pensée bouddhique .**

En Inde, pays d'oralité, les écritures sacrées ne sont que le redoublement et la mise par écrit tardive d'une longue transmission orale. Les traditions bouddhiques n'échappent pas à la règle puisque la rédaction des premiers ouvrages se situe au début de l'ère chrétienne, soit plusieurs siècles après la mort de Shakyamuni. Le corpus des écritures du theravada, qui prospère aujourd'hui dans l'ensemble du Sud-Est asiatique, fut écrit à la fin du Ier siècle, à Ceylan. L'époque étant troublée, les moines couchèrent par écrit ce qui avait été transmis de génération en génération. Ce corpus a la particularité d'être rédigé en pali, langue vulgaire de l'Inde ancienne proche du sanskrit, qui devint la langue liturgique des pays de tradition theravada. L'oralité reste

ZOOM

**Des discours du Bouddha aux textes**

L'écriture tardive des textes comme ceux de l'école theravada pose la question de leur conformité avec les discours originaux de Shakyamuni. Des commentateurs ont d'ailleurs cru pouvoir distinguer différentes strates d'écriture, plus ou moins anciennes, dans ce corpus. Le problème est épineux car le contenu doctrinal est peu homogène avec les enseignements proclamés dans les textes du Grand véhicule, attribués tout autant au Bouddha, et qui furent aussi mis par écrit à la même époque. On s'accorde cependant à considérer la littérature du Grand véhicule comme la marque d'une profonde transformation interne aux traditions bouddhistes qui a lieu aux alentours du début de l'ère chrétienne et les textes du theravada plus conformes à une ancienne tradition orale.

omniprésente, les discours attribués au Bouddha ayant été retranscrits avec les nombreuses répétitions qui servaient d'aide-mémoire aux moines. Ces discours continuent d'être mémorisés, le texte servant de support intangible à la transmission orale. Aujourd'hui encore, dans nombre d'écoles bouddhistes, leur étude passe obligatoirement par la mémorisation. Chaque moine doit être capable de les réciter sans faillir et ce sont des milliers de pages que les novices s'entraînent à apprendre par cœur.

## Les « trois corbeilles »

Les textes du Grand véhicule indien promeuvent une dévotion particulière au livre, recommandant de lui rendre physiquement hommage ou plus simplement de le recopier (cette tradition a perduré en Extrême-Orient, où la copie des ouvrages du Grand véhicule est un exercice religieux à part entière). Il serait vain néanmoins de vouloir reconstituer un corpus originel ou simplement de considérer le corpus de la tradition theravada, qui n'est que l'une des écoles du bouddhisme ancien, comme la reproduction fidèle de la parole de l'homme Shakyamuni. Une telle conformité reste indécidable. Le bouddhisme des origines se caractérisant par la multiplication rapide des écoles et leurs oppositions doctrinales, les écritures ne peuvent que refléter ses différenciations. Notons que la plupart des textes des écoles anciennes, qui toutes disparurent à l'exception du theravada, n'ont pas été conservés.

Ces textes étaient répartis en catégories homogènes, d'abord les *sutras* et les *vinayas*. Les *sutras*, discours attribués au Bouddha, débutent systématiquement par « Ainsi ai-je entendu ». Selon la légende, Ananda, cousin et disciple du Bouddha, avait une mémoire phénoménale. Il aurait récité la totalité des enseignements du maître après sa mort, initiant ainsi la chaîne de la transmission orale. Les *vinayas*, codes disciplinaires des moines et des moniales, énoncent les règles monacales et les circonstances dans lesquelles elles auraient été édictées. On les attribue à Upali, autre disciple du Bouddha, particulièrement versé dans la discipline. À ces *sutras* et *vinayas* s'adjoignaient des commentaires qui développaient des aspects plus philosophiques. Le theravada possède ainsi un corpus tripartite, le *tipitaka*, « les trois corbeilles » – on suppose que les textes écrits sur des feuilles de palme étaient conservés dans des corbeilles. Il s'agit d'un canon, c'est-à-dire d'un corpus fermé d'ouvrages en nombre invariable. Les *vinayas* sont placés en tête, puis viennent les *suttas* (forme pali de *sutras*), classés selon des considérations numériques comme la longueur des textes et enfin, l'*abidhamma*, « la doctrine supérieure », composée d'ouvrages de philosophie.

La question de l'interprétation s'est très vite posée car le Bouddha semble parfois se contredire dans ces textes ou reste ambigu. Pour les bouddhistes, la parole est en situation : elle s'adresse toujours à quelqu'un de particulier et vise à le provoquer, à susciter en lui un bouleversement intérieur. Pour le Bouddha, la parole est un « moyen habile », un *upaya* (le terme s'appliquait primitivement à la seule parole, puis son sens s'est élargi, notamment dans les ouvrages du Grand véhicule, à tous les moyens mis en œuvre par les bouddhas ou les *bodhisattvas* pour le bien des êtres). Selon ce principe, le Bouddha n'énonce pas des vérités universelles indépendamment de ses interlocuteurs. Il ne « croit » pas nécessairement aux paroles qu'il prononce comme s'il s'agissait de dogmes. Il parle en fonction de la capacité de ses auditeurs à l'entendre et ce qu'il dit est simplement ce qu'il convient de dire à un moment donné pour conduire vers l'expérience de l'éveil.

## À chaque école sa lecture

L'exégèse bouddhique a très vite défini deux types de textes. D'une part « les discours de sens définitif » où le Bouddha dévoile pleinement son enseignement, d'autre part « les discours de sens provisoire » où il adapte, sinon modifie ou altère, son enseignement aux capacités d'écoute de l'auditoire. Les commentateurs cherchent d'abord à déterminer si l'on est en présence d'un dis-

### Pali

**Langue ancienne de l'Inde – où elle était parlée, dans un idiome proche, à l'époque du Bouddha. C'est la langue culturelle et liturgique du bouddhisme theravada.**

cours de sens définitif ou de sens provisoire. Cette distinction et cette notion de « moyen habile » ont une importance cruciale dans les écoles du Grand véhicule où les textes sont variés, hétérogènes et fort différents de ceux des anciennes écoles. Au nom de cette parole en situation, très peu d'ouvrages sont rejetés comme apocryphes. Chaque école donne sa propre lecture de cette hétérogénéité, cherchant non à déterminer l'authenticité des textes, mais les parts de travestissement et de dévoilement de la doctrine et surtout sur quel ouvrage faire reposer l'autorité dernière. Dès lors, les canons deviennent ouverts, le nombre de textes utilisés variant selon les écoles ou les auteurs.

En Extrême-Orient surtout, l'articulation des textes fit l'objet de larges débats qui suscitèrent même l'émergence de nouvelles traditions. Les écoles tibétaines évoquent « trois tours de la Loi », avec trois catégories de textes enseignant la doctrine de manière de plus en plus perfectionnée. Elles intègrent également les enseignements tantriques qui passent pour avoir été donnés par le Bouddha dans une autre dimension que sa forme terrestre. La question, on le voit, est complexe, et l'herméneutique, c'est-à-dire l'interprétation des textes, occupe une place déterminante dans la pensée bouddhique. ■

# Who's who

## Les maîtres du bouddhisme

**Philippe Cornu**

**Saints, philosophes, poètes ou errants, ils ont contribué à forger le bouddhisme tel que nous le connaissons.**

### Mahakashyapa (– Ve siècle)

Mahakashyapa a été choisi par le Bouddha pour lui succéder à la tête de la communauté monastique. Réputé pour sa rigueur, il réprimanda Ananda, le cousin et serviteur du maître, pour ses maladresses, avant de l'inviter, au premier concile de Rajagriha, à réciter de mémoire les discours du Bouddha. Selon le *zen*, Mahakashyapa, un jour où le Bouddha, silencieux, montrait une fleur à ses disciples, a été le seul à comprendre l'enseignement et à sourire, ce qui a fait de lui le premier maître de la transmission silencieuse, au-delà des écritures…

### Nagarjuna (– IIe siècle)

Nagarjuna est le plus célèbre des philosophes bouddhistes indiens. Né dans le sud de l'Inde dans une famille de brahmanes, on ne sait presque rien de sa vie en dehors d'éléments légendaires. On lui doit des traités sur la vacuité qui fondent la « Voie médiane » et visent à déconstruire les opinions établies sur l'être et le monde. Répandue par ses successeurs, sa pensée radicale est passée dans le monde chinois puis a fait souche au Tibet et a trouvé partout de grands commentateurs. Réfutant le nihilisme comme l'éternalisme théiste, sa philosophie se situe au cœur du mahayana.

### Kumarajiva (344/50-413)

Kumarajiva, éminent traducteur du bouddhisme chinois, naît à Kucha, une oasis sur la route de la Soie. Initié très jeune au sanskrit par sa mère, il la suit au Cachemire avant d'être converti au mahayana à Kashgar, puis apprend le chinois. Son érudition lui vaut tous les honneurs à son arrivée à Chang'an en Chine en 401, où l'empereur lui confie une équipe de traduction. En douze ans, il traduira avec génie les textes indiens en chinois, ce que n'avaient guère réussi ses prédécesseurs. On lui doit les traductions du *Sutra du Lotus*, du *Sutra de Vimalakirti* et des écrits de Nagarjuna, adoptées dans tout le monde sino-japonais.

### Asanga (IVe siècle)

Asanga est un philosophe indien égal à Nagarjuna en importance. Né à Peshawar au Cachemire, il est l'auteur de grands ouvrages de fond sur le mahayana où il expose la philosophie *yogacara*, dite de « l'esprit seulement », pointant les mécanismes psychiques de l'illusion qui nous aliène. Selon cette pensée, ce monde n'est que la projection de notre esprit aveuglé par l'ignorance. On attribue à Asanga, sous l'inspiration du futur bouddha Maitreya, la composition de traités sur la voie du *bodhisattva* et la nature de bouddha présente chez tous les êtres.

### Buddhaghosa (ve siècle)

Buddhaghosa est né en Inde centrale dans une famille de brahmanes. Converti au bouddhisme, il se rend en 420 au Sri Lanka pour y étudier des textes du theravada en cinghalais. Mis au défi de traduire en pali deux vers de ces écrits puis de les commenter, il composa le célèbre et volumineux *Visuddhimagga*, *Le Chemin de la pureté*, qui demeure de nos jours le plus brillant traité sur les Quatre nobles Vérités et la méditation dans la tradition theravada.

### Bodhidharma (vi[e] siècle)

Bodhidharma est le fondateur mythique du *chan* chinois. De sa vie, peu de choses nous sont connues avec certitude. Venu de l'Inde, il aurait débarqué à Canton et rencontré l'empereur Wu des Liang avant de se retirer au monastère Shaolin où il médita neuf ans « face au mur ». Il n'aurait accepté Huike, son disciple, qu'après que celui-ci se soit tranché le bras pour montrer sa détermination. Quelques traités lui sont attribués et on le mentionne aussi dans les annales tibétaines.

## Xuanzang (600-664)

Xuanzang est le plus célèbre des pèlerins chinois. Maîtrisant le sanskrit, il entreprend un long voyage en Inde en dépit de l'interdit impérial. Passant par la route de la Soie, il séjourne au Gandhara, en Oddiyana (Pakistan) puis en Inde, à l'université de Nalanda où il reste douze ans. De retour en Chine chargé de textes, il est pardonné et accueilli à Chang'an en 645. On lui doit une relation de voyage précise sur le bouddhisme en Inde et de nombreuses traductions des textes de l'école *yogacara*, dont il fonda l'équivalent chinois, l'école *faxiang*.

## Huineng (638-713)

Huineng, quatrième patriarche du *Chan* après l'arrivée de Bodhidharma en Chine selon la tradition, est en fait le vrai fondateur du *chan/zen*. Analphabète selon sa biographie (*Sutra de l'Estrade*), il entra au monastère après avoir connu un premier Éveil en écoutant un *sutra* lu sur la place du marché. Relégué aux cuisines, il n'en fut pas moins reconnu comme le digne successeur de l'abbé grâce à un poème révélant son Éveil. Après avoir fui l'ire de ses rivaux, il établit l'école *chan* du Sud qui connut un grand rayonnement en Chine avant de migrer en Corée (école *son*), au Vietnam (école *thien*) et enfin au Japon où elle devint l'école *zen*.

## Padmasambhava (VIIIe siècle)

Padmasambhava, « né du Lotus », est l'un des personnages les plus populaires au Tibet. De sa vie semi-légendaire, on retient qu'il naît dans un lotus au milieu d'un lac en Oddiyana (Pakistan), qu'il manifeste son activité éveillée en Inde avant d'être invité au Tibet par le roi Trisongdetsen (742-797) pour y vaincre les négativités et y implanter le bouddhisme tantrique. Malgré le peu de documents attestant son passage, il est, pour les Tibétains, Gourou Rinpoché, « le maître très précieux », initiateur de la lignée tibétaine des Nyingmapa. Ses enseignements cachés ont donné naissance à l'abondante littérature mystique des « trésors spirituels », révélés au fil des siècles par les incarnations de ses disciples.

## Kukai (774-835)

Kukai, fils d'un haut fonctionnaire japonais, abandonne ses études confucéennes pour devenir moine bouddhiste. Il embarque pour la Chine en 804 et y reçoit l'enseignement de Huiguo, vieux patriarche de l'école tantrique chinoise (*zhenyan*). De retour au Japon, il crée en 809 l'école *shingon* (« des mantras secrets ») qui connaît un rapide essor. Grand visionnaire, lettré, poète, peintre et calligraphe, on lui prête l'invention du syllabaire japonais, nombre d'ouvrages et des miracles. Il fonde en 816 ce qui va devenir le complexe monastique du mont Koya, encore très actif de nos jours. Grande figure religieuse au Japon, Kukai y est très vénéré et un pèlerinage lui est consacré chaque année sur l'île de Shikoku.

## Atisha (980-1054)

Atisha est un maître indien qui joua un rôle clé dans la seconde diffusion du bouddhisme au Tibet. Abbé de l'université de Vikramashila en Inde, il part à Sumatra pour y recevoir pendant douze ans l'enseignement de Serlingpa sur l'entraînement de l'esprit à la compassion. Invité au Tibet par le traducteur Rinchen Zangpo et le roi du Gougué (Ladakh), il y parvient en 1042, raffermit la discipline monastique en déclin et enseigne la Voie graduelle (*lamrim*) à ses disciples qui fondent l'école Kadampa. On lui doit des œuvres sur le mahayana et le tantrisme.

## Honen (1133-1212)

Honen est un jeune orphelin quand il rejoint le monastère Tendai du mont Hiei (Kyoto). Il découvre, bouleversé, la dévotion au bouddha Amitabha dans les écrits du chinois Shandao et entreprend la récitation continue de la formule « *namu amida butsu* ». Sa réputation fait de lui le maître de trois empereurs japonais et le fondateur de l'école de la Terre pure, *jodo-shu*. Jalousé par les moines *tendai*, il doit s'exiler vers la fin de sa vie et meurt à son retour en 1212. Son disciple Shinran (1173-1263) poursuivra son œuvre en fondant l'école *jodo-shin*, la Vraie école de la Terre pure. Ces écoles de la foi sont très populaires au Japon où elles regroupent plus d'adeptes que toutes les autres écoles bouddhiques réunies.

## Milarepa (1040-1123)

Milarepa est un yogi poète célèbre pour ses chants mystiques. Sa biographie, riche en rebondissements, est emblématique de la relation maître-disciple. Après avoir pratiqué la magie noire pour venger sa mère, pris de remords, il devient disciple de Marpa, un maître exceptionnel qui a ramené d'Inde les enseignements des six yogas de Naropa. Après avoir subi mille épreuves purificatrices, il part méditer dans des ermitages isolés, devenant l'inspirateur de tous les yogis solitaires. Ses disciples sont à l'origine de l'école Kagyupa, l'une des quatre grandes écoles tibétaines.

## Sakya Pandita (1182-1251)

Sakya Pandita est le maître tibétain et le philosophe le plus connu de l'école Sakyapa. Maîtrisant le sanskrit dès l'enfance, il développe une grande érudition dans les *sutras* et les *tantras*. Moine exemplaire, il écrit des ouvrages sur la discipline, l'épistémologie bouddhique, les *tantras* et un recueil de poèmes édifiants, *le Trésor des paroles élégantes*. Invité par Godan Khan, petit-fils de Gengis Khan, il devient son maître et épargne ainsi au Tibet les ravages de l'invasion mongole. Son neveu P'akpa deviendra le maître de Kubilaï Khan, nouvel empereur de Chine.

## Dogen (1200-1253)

Dogen, orphelin issu de l'aristocratie japonaise, entre au monastère en 1213 et suit les enseignements *chan* de Myozen. Son questionnement intérieur le mène en Chine en 1223 où il connaît un profond éveil et reçoit la transmission du *chan* du maître Tiantong Rujing. De retour au Japon, il fonde l'école *zen Soto* et le monastère Eihei-ji. Puissant penseur, Dogen a écrit plusieurs ouvrages dont le célèbre *Shobogenzo*, le *Trésor de l'œil de la vraie Loi*, écrit subtil et profond rédigé en japonais. On prête à Dogen les expressions *shikantaza* « juste s'asseoir » et « se dépouiller du corps et de l'esprit », caractéristiques de son approche de la méditation *zen*.

## Longchenpa (1308-1363)

Longchenpa est un maître de la lignée nyingmapa qui allie érudition et réalisation spirituelle. Préférant les ermitages aux monastères sources de conflits, il mène une vie simple de pratiquant mais compose une immense œuvre littéraire consacrée au *dzogchen* (la Grande perfection). On lui doit la codification et la synthèse des doctrines de l'école ancienne dans un style poétique et mystique d'une rare ampleur. Chassé du Tibet par les vicissitudes politiques du moment, il séjourne cinq ans en exil au Bhoutan, mais à son retour, sa sainteté est reconnue de tous.

## Tsongkhapa (1357-1419)

Tsongkhapa est le fondateur de l'école Guelugpa (« les Vertueux »). Né au Tibet oriental, il étudie la scolastique et les tantras auprès de maîtres de toutes les écoles existantes avant de créer sa propre vision synthétique du bouddhisme. Soucieux de la discipline monastique, s'inspirant d'Atisha, auteur de brillants écrits philosophiques et du célèbre *Lamrim chenmo, la Grande voie graduelle*, il fonde son école en 1392 avec ses disciples Khedroupdjé, Gyaltsapdjé et Guendun Droup. Les Guelugpa domineront le Tibet avec le gouvernement des dalaï-lamas à partir du XVII<sup>e</sup> siècle. ■

# La méditation

## Un chemin intérieur

**Éric Rommeluère**

**Se connaître soi-même à travers une expérience qui engage la totalité de l'être, corps et esprit : telle est l'entreprise fondamentale de la méditation bouddhiste.**

Les traditions bouddhiques proposent un large éventail de pratiques psychosomatiques que l'on réunit généralement en Occident sous le terme de méditation. *Bhavana*, le terme original sanskrit pour les désigner, devrait être plus exactement traduit par « entraînement » : un entraînement qui associe habituellement une posture physique et un exercice mental. Seules quelques écoles bouddhiques d'Extrême-Orient ont délaissé la pratique formelle de la méditation au profit d'exercices de dévotion ou d'oraison. Il s'agit notamment des écoles japonaises de la Terre pure qui s'en remettent au pouvoir salvateur d'Amida, un Bouddha qui demeurerait dans une « terre pure », un paradis situé à l'occident de notre univers et qui aurait fait le vœu que quiconque l'invoquerait renaîtrait dans son royaume.

Pour la plupart des écoles, le chemin intérieur s'appuie sur trois « piliers » traditionnellement présentés dans

**Anatman**

**« Non-Soi ». Inexistence du Soi (*atman*) en tant qu'entité indépendante et permanente. L'une des trois caractéristiques du Soi, selon les doctrines anciennes, et de tout phénomène, selon les écoles du mahayana.**

l'ordre suivant : l'exercice de la morale (*shila*), celui du recueillement (*dhyana*) et la compréhension des processus qui régissent l'existence (*prajna*). Puisqu'il s'agit de réaliser un éveil, ces exercices doivent engager la totalité de l'être, corps et esprit. Même la compréhension des processus existentiels n'est pas appréhendée comme un savoir à acquérir mais comme une expérimentation directe de ces processus. Le recueillement, qui est l'un des aspects de la méditation, est au cœur de cette expérience bouddhiste.

Depuis l'aube des temps, l'Inde pense l'ignorance comme sa question fondamentale. Son axiome : les êtres errent de vie en vie dans la ronde douloureuse des existences. Leur égarement est entretenu par une inconscience, par l'incompréhension même de ce mouvement qui les pousse à renaître. Seule la connaissance de soi est à même de libérer l'homme. Tel est schématiquement le fond de la pensée indienne que le bouddhisme reprendra à son compte. Pour certaines écoles de pensée indiennes, cette connaissance ne peut se fonder sur une simple spéculation, la raison ou même sur une révélation : une expérimentation directe et intuitive des fondements de l'être (ou plutôt de son absence de fondement dans le cas des écoles bouddhiques qui professent l'*anatman*, l'être étant dépourvu de substance) s'avère également nécessaire. Elles ont élaboré des exercices où le corps et l'esprit sont entraînés à la connaissance de soi.

Dans les écoles anciennes, la méditation bouddhiste est d'abord une méthode qui permet de rendre conscients des processus inconscients. La pratique de l'attention au souffle est l'un des exercices les plus anciens que les premières écoles empruntent vraisemblablement à des traditions antérieures. Dans cette forme de méditation, le pratiquant porte son attention sur le mouvement du souffle et se contente d'observer ou de noter mentalement la succession des inspirations et des expirations. La prise de conscience, même d'un simple phénomène physiologique comme celui de la respiration, crée à la fois un retour à soi et une rupture dans les fonctionnements mentaux habituels. La pratique de l'attention peut ensuite s'élargir et consister à noter toutes les pensées, les sensations, les perceptions qui surgissent d'instant en instant. L'attention décompose de cette façon l'ensemble des processus et des opérations mentales et permet de ne plus en être le jouet. Vivre en pleine conscience apparaît comme le moyen le plus sûr de se défaire des liens de l'ignorance qui n'est finalement, dans le bouddhisme, qu'une forme d'inconscience.

### Le physique au service du mental

Le corps joue un rôle déterminant dans l'expérience méditative. Si la méditation est une disposition intérieure, elle passe par l'apprentissage d'une posture physique privilégiée. Il s'agit de la posture du lotus, une position assise où l'on replie les jambes de telle façon que les pieds se trouvent posés sur les cuisses opposées (ou éventuellement de la posture du demi-lotus, un seul pied posé sur la cuisse opposée). Le dos est droit, les mains sont posées dans le giron, le regard abaissé. Cette position permet de rester longtemps immobile sans effort particulier tout en maintenant la vigilance intérieure. Le mental n'est plus alors porté à se diriger vers l'extérieur mais vers l'intérieur de soi. La forme de cette posture, empruntée à des traditions antérieures (des statuettes de personnages assis en lotus furent retrouvées dans les vestiges archéologiques de l'antique civilisation de la vallée de l'Indus, deux millénaires avant notre ère), n'a guère varié au cours des siècles, les moines bouddhistes de l'Himalaya, de l'Extrême-Orient ou du Sud-Est asiatique l'utilisent communément aujourd'hui. Nombre d'écoles connaissent également des pratiques formelles de méditations marchées. Les ruines des monastères indiens ont conservé des déambulatoires où les moines s'exerçaient à la méditation en marchant (voir p. 112). Mais méditer ne peut se limiter à une position physique déterminée : les pratiquants accomplis peuvent exercer la méditation dans toutes les attitudes et toutes les activités quotidiennes.

La méditation bouddhiste, fondamentalement une pratique de la conscience, s'est vite élargie à des exercices qui entendent développer diverses dispositions intérieures. La visualisation de la décomposition d'un cadavre semble avoir été une pratique commune dans les premières écoles indiennes pour se pénétrer du caractère

**ZOOM**

### L'expérience du vide

La méditation bouddhiste consisterait à faire le vide, entend-on souvent en Occident. L'expression a une connotation péjorative pour ceux qui croient déceler dans le bouddhisme une forme de nihilisme. Pour eux, les méditants entendraient, par cet artifice, s'abîmer dans un néant intérieur ou simplement s'échapper du monde. L'expression peut, au contraire, être chargée d'une éminente positivité dans certaines reconfigurations occidentales où le bouddhisme, débarrassé de ses aspects spirituels, est présenté comme une méthode de bien-être. La méditation serait alors le meilleur moyen de se ménager un espace de tranquillité au milieu des vicissitudes du monde moderne. Dire que la méditation permet de faire le vide rend peu justice, en réalité, à la proposition faite ; au demeurant, aucune école n'enseigne l'anesthésie mentale. Malgré ses multiples variantes et méthodes, la méditation bouddhiste sert une entreprise fondamentale : comprendre les ressorts qui gouvernent sa propre identité. Une telle compréhension nécessite un retour à soi et une tranquillité dans l'espace méditatif, mais la méditation ne se confond pas avec le calme de l'esprit, le calme est simplement la condition indispensable à ce travail intérieur.

éphémère de l'existence, les méditants allant même jusqu'à méditer ou dormir près des charniers afin que cette vision soit plus prégnante encore. Cette forme de méditation fut néanmoins abandonnée par les moines en Extrême-Orient qui la jugèrent trop morbide.

On regroupe souvent les méditations sous deux grandes rubriques, notamment dans les écoles se réclamant de la tradition réformée du Grand véhicule (mahayana), les pratiques de concentration d'une part et les pratiques d'observation d'autre part. Les premières sont des exercices qui permettent de réguler et d'assouplir le fonctionnement mental. Elles consistent à se concentrer, c'est-à-dire à focaliser totalement l'attention sur un point, sans que rien puisse finalement déranger cette concentration. Les supports peuvent être variables : un point du corps, un objet physique extérieur que l'on pose devant soi, voire un objet mental. Une fois que l'esprit atteint une certaine flexibilité par le jeu de ces exercices, il est alors possible de s'adonner aux pratiques dites d'observation. Le méditant contemple, par exemple, le processus même de la pensée. Laissant émerger une pensée, il observe ses qualités, son apparition, sa durée, sa disparition... Ces deux familles de méditation sont plus particulièrement développées dans les écoles tibétaines.

## Visualisations de déités

Ce rapide panorama ne saurait évidemment épuiser l'ensemble des méthodes et des techniques méditatives. La remémoration du Bouddha, sous la forme soit d'une invocation, soit d'une visualisation, dans le cadre d'une pratique formelle est également une pratique commune. Dans les écoles tantriques, les pratiques ritualisées qui intègrent des invocations de déités ou de divinités, des visualisations parfois très complexes et des récitations de formules sacrées (*mantras*) deviennent également des formes de méditation. La méditation de Tchenrezi est exemplaire. Avalokiteshvara, Tchenrezi en tibétain, l'être supérieur (*bodhisattva*) qui incarne la compassion est invoqué. Le rituel complexe vise à développer et à se pénétrer d'une compassion et d'un amour infinis. La méditation est codifiée dans ses moindres détails, Avalokiteshvara est visualisé sous une forme extraordinaire à quatre bras, l'épaule recouverte d'une peau de daim. Une fois que l'image est stabilisée, le méditant se représente Avalokiteshvara irradiant de lumière, expression visible de sa compassion qui se diffuse partout, puis il récite son mantra, « *Om mani padme hum* » en tibétain, une dédicace finale clôturant le rituel.

Dans le bouddhisme *zen* et dans certaines traditions tibétaines (celles connues sous le nom de *mahamudra*, « le Grand sceau » ou de *dzogchen*, « la Grande perfection »), la méditation n'est plus seulement envisagée comme un exercice d'attention, de concentration ou d'observation. Dans sa dimension ultime, la méditation est une ouverture inconditionnelle à sa propre nature éveillée. Ces traditions utilisent des formules paradoxales comme « la véritable méditation est non-méditation » : considérant que toute technique, tout effort crée une distance avec cette nature de bouddha présente en chaque être, il suffit de s'y abandonner en confiance. Le méditant demeure alors dans un état de clarté intérieure où toute tentative d'effort ou inversement d'absence d'effort se trouve résorbée. ■

# Maîtres et disciples

## Accompagner sur la Voie

**Patrick Carré**

**Dans le bouddhisme, le maître spirituel, modèle de discipline, enseigne la règle et la méditation. Selon l'école, il peut être un conseiller, un enseignant, un bouddha, et un lien sacré l'unit à l'élève, qui lui voue respect et dévotion.**

La pratique du bouddhisme a toujours lieu sous l'autorité plus ou moins stricte d'un « ami de bien », un « maître spirituel », en sanskrit *guru*, qui la détient, la transmet et l'explique. Dans le bouddhisme ancien ou theravada, le maître est surtout un conseiller. Dans le mahayana ou Grand véhicule, il incarne le but, l'état de bouddha, et ses « bénédictions » valent celles de tous les bouddhas.

Le theravada ne reconnaît qu'un seul maître : le *dharma*, c'est-à-dire l'enseignement libérateur. Shakyamuni fut certes un maître, mais il n'a obéi qu'au *dharma*, la « loi du réel », pour devenir un « Éveillé authentique et parfait ». Tout « ancien » (en pali *thera*) est d'ailleurs un maître, extérieurement par l'ancienneté au sein de la communauté (*sangha*) et intérieurement par la réalisation. « Maîtres » sont aussi le parrain du futur moine, qui l'amène à la vie sainte, puis l'*acarya*, qui lui donne l'ordination, et enfin celui qui lui dispense les instructions pratiques pour la méditation et les autres devoirs de son état.

### L'instructeur de la libération

Ce dernier, l'*upadhyaya*, un modèle de discipline, est à proprement parler le maître du pratiquant. Il s'efface toujours derrière les textes pour répondre aux questions de l'élève, car il ne craint rien plus que le culte de la personnalité. Il incarne en effet l'irréalité du soi qui permet de s'affranchir de la souffrance. En plus de pratiquer ses instructions, l'élève prend soin de son maître comme d'un père. Toutefois, pour éviter tout attachement inutile, ce dernier enjoindra son élève d'aller s'instruire auprès d'un autre quand, au plus, quatre ou sept ans d'échanges suivis auront passé. Autrement dit, dans cette forme de bouddhisme, le maître est avant tout l'instructeur : il transmet les vœux monastiques, enseigne la règle et instruit en méditation. Le disciple lui obéit au mieux et le sert avec respect sans, normalement, lui manifester d'affection ni aucun sentiment particulier.

### La dévotion à l'Esprit d'Éveil

Dans le bouddhisme du Grand véhicule, la compassion a autant de valeur, sinon plus, que la discipline. Le sentiment dominant du *bodhisattva* étant qu'il ne peut pas supporter que les autres souffrent à cause de leur égoïsme pour un moi qui n'existe pas, il cultive la connaissance de la vacuité. Puis, fort de cette connaissance, il œuvre inlassablement au salut des mondes. Les *bodhisattvas*, ces mystiques qui font de leur Éveil le salut de tous les autres, voient la vérité pendant l'extase et ressentent le monde, hors extase, comme une fantasmagorie où rien n'a de réalité. Leur maître ultime est l'esprit d'Éveil qui est amour et compassion. Inconditionnellement à l'écoute des autres, ils sont leurs serviteurs, même s'ils ont d'autres maîtres encore : les textes, d'abord, ainsi que tous ceux, moines et laïcs, qui les détiennent et en ont réalisé le sens.

Généralement, le disciple appartient à une communauté et son maître est le plus souvent le directeur de cette communauté. Il explique à l'élève les méthodes contemplatives qui devraient entraîner toujours plus d'éveil. S'il médite correctement, en respectant les précieuses instructions orales de son maître, l'élève ne tardera pas à avoir des « expériences méditatives » de l'ordre de la félicité, de la clarté et de l'absence de pensée. Le maître pourra alors l'aider à se détacher de ces expériences, qui s'avèrent des plus attachantes, non seulement en lui « rappelant la vue » mais surtout en lui proposant des techniques méditatives mettant à profit ces expériences pour les dépasser radicalement.

Dans la voie tantrique, dite Véhicule de diamant ou vajrayana, le maître est tout. Le disciple le cherche pour le suivre « à la vie, à la mort ». Longtemps, il l'observera, pendant que le maître l'observe aussi, puis, quand il sera sûr de son choix, il lui fera la requête d'une initiation. Le statut extraordinaire du maître, plus que divin, n'aura pas été sans étonner les lecteurs de la vie de Milarepa (voir p. 71), par exemple : comment peut-on, comme si cela allait de soi, apprécier les mauvais traitements que Marpa le Traducteur inflige au plus doux des poètes tibétains ? On les « apprécie » parce que l'on sait que les vrais maîtres n'ont pas le moindre motif égoïste ou sadique.

## Le meilleur des bouddhas

Autant le rapport maître-disciple doit-il être impersonnel dans le theravada et le mahayana en général, autant peut-il paraître personnel dans le Véhicule de diamant (vajrayana). Mais ce n'est qu'une apparence. Le tantrisme pousse le Grand véhicule dans ses derniers retranchements : si tout est vide, tout est pur. Les conséquences de cette « décision » sont effarantes, inconcevables et belles !

Dans le bouddhisme, les niveaux spirituels supérieurs incluent et maîtrisent les niveaux inférieurs. C'est ainsi que le maître tantrique combine toutes les qualités de la discipline de libération individuelle du theravada, toutes les vertus de l'esprit d'Éveil du Grand véhicule et toutes les inconcevables méthodes habiles du Véhicule de diamant, dont la règle centrale a de quoi rendre perplexe le disciple en quête de règles strictes : que toutes les apparences possibles sont pures depuis toujours.

Pour le disciple tantrique, cette pureté existe réellement et il est possible d'en jouir immédiatement dans la personne du maître. Ou très exactement, dans la dévotion la plus authentique que le disciple réserve au maître. Tous les *tantras* expliquent que le maître est non seulement le meilleur des bouddhas mais qu'il les surpasse dans la mesure où il est là, présent, pour « tenir le disciple par la main » sur la route imprévisible des pratiques tantriques : visualisations, travail du souffle, représentations paradoxales, apories métaphysiques...

Dans le vajrayana, la dévotion au maître peut à elle seule conduire à l'Éveil. Cette dévotion est d'abord un amour naturel, un respect admiratif, mais cette force a tôt fait d'être détournée par le maître au profit de la « vraie dévotion », ce clair état de l'esprit où l'égalité de tous est évidente – une vérité que le *bodhisattva* du Grand véhicule découvre au terme d'innombrables existences, alors qu'un pratiquant tantrique animé d'une vraie dévotion pour son maître peut le découvrir en un seul instant. En fait, les textes expliquent que les véritables adeptes tantriques sont forcément de grands *bodhisattvas* ayant déjà cheminé plus longtemps qu'on ne pourra jamais l'imaginer : la rencontre du maître et du disciple résultant de tous ces mérites et cette sagesse accumulés sera la circonstance « déclenchante » de l'Éveil...

### Un lien sacré

Idéalement, le « maître de diamant » est non seulement celui qui instruit et réconforte ses disciples, mais il est – plus qu'il ne l'« incarne » – le Bouddha sous l'aspect d'une déité tantrique qui initie les disciples à leur « divine » pureté. Ce faisant, un lien sacré (*samaya*) se noue entre maître et disciple. Bien plus qu'une convention ou une somme de règles, ce lien est la reconnaissance partagée de la véritable nature du réel.

Souvent, comme le maître *zen*, le maître tantrique commet une infraction à la réalité commune, viole une convention pour accoucher une soudaine illumination chez le disciple mûr pour cela. L'Éveil qui survient alors – *satori* ou *kensho* dans le *zen* ou réalisation dans le bouddhisme tibétain – n'est pas l'« insurpassable Éveil authentique et parfait », mais une base de travail indispensable et déjà très sublime : *satori*, réalisation ou « illumination » ne sont autres que des perceptions directes du réel sans équivalent dans le mental ordinaire. Quand le disciple voit le réel, il n'y a plus de maître, plus de disciple, plus rien à voir ou à manquer. Cette extase bien sûr s'apaise mais ses profondeurs immenses demeurent : qui n'a jamais lu les poèmes de dévotion au maître – et à nul ou rien d'autre – que l'illumination a inspirés aux plus grands saints bouddhistes du Japon, de la Chine, de l'Inde et du Tibet ?

Le rapport du maître et du disciple n'est jamais, sauf erreur, une relation de maître et d'esclave. À l'obéissance de l'apprenti se joint d'abord le respect de celui qui apprécie la sagesse primordiale et reconnaît son maître dans l'art d'apprécier cette sagesse ; elle est ensuite la dévotion presque obsédante de celui qui divinise son maître pour telle ou telle raison. Cette divinisation, raisonnée, se trouve à la base de la pratique centrale de tous les *tantras* bouddhiques du Véhicule de diamant sous le nom de *guruyoga*, mot sanskrit signifiant « union à l'état naturel du maître ». Dans cet élan « divinisateur », le sans-soi du disciple fond dans le sans-soi du maître : il ne s'agit donc pas de l'union ordinaire de deux individus mais plutôt de l'union de l'apparence et de la vacuité, la réalisation profonde du réel.

Si, donc, le maître est « tout » dans le Véhicule de diamant, ce n'est pas pour des raisons personnelles mais bien parce que le réel ne peut pas se contenir et que, pour ainsi dire, il fait feu de tout bois. Quand je dis le « réel », j'entends la « sagesse du réel » qui, sans même qu'enseignent maîtres ou bouddhas, peut jaillir dans le cœur de ceux qu'on appelle « Éveillés par soi » (*pratyekabuddha*), et qui se libèrent de la souffrance à l'écart de tout mentor, modèle ou accompagnateur. C'est toujours la même sagesse qui opère, sous diverses couleurs, dans tous les Éveils possibles. ■

# Prière d'union à l'état naturel du maître

Père, révérend maître, trésor d'amour et d'omniscience,

Vous m'apparaissez comme Mangala, le maître absolu de toutes les familles.

Je suis votre enfant, et depuis le lotus qui s'ouvre au centre de mon cœur,

Tout mon esprit vous invoque avec une violente ardeur.

Ô protecteur, votre corps est l'apparence claire et vide ;

Votre parole a la transparence de la voix du réel, sonore et vide ;

Votre esprit clair et profond rayonne d'ouverture et de vide :

En fait, nous nous trouvons depuis toujours par-delà l'union et la séparation.

La voie ignore la différence entre méditation et post-méditation :

elle est libre du rejet et de l'adoption.

Désormais, si, dans la vision de la pureté primordiale,

Je puis vous invoquer à l'aise et sans le moindre artifice,

Bénissez-moi, noble maître, pour qu'en tout point je vous ressemble !

Texte contemporain
du maître tibétain Thrulshik Rinpoché
exprimant la dévotion que lui inspire son maître principal,
Dilgo Khyentsé Rinpoché.

# Moines et laïcs

## Le sangha

**Dominique Trotignon**

**La communauté bouddhique, le sangha, rassemble des moines chargés des rituels et de la conservation des textes, et des laïcs, qui soutiennent matériellement le clergé, en échange de son enseignement.**

Traditionnellement, les disciples du Bouddha sont appelés la « communauté des quatre quartiers », composée des *bhikshu* et *bhikshuni* (moines et moniales) et des *upasaka* et *upasika* (laïcs hommes et femmes).

Le Bouddha est en effet l'un des rares fondateurs de religion à avoir lui-même institué une communauté monastique, le *sangha*, rassemblant des hommes (et plus rarement des femmes – voir encadré) ayant décidé de « sortir du monde ». Comme les ascètes brahmaniques, les *bhikshu* sont d'abord des religieux errants qui, selon leur règle, devraient pouvoir se contenter de « quatre ressources » : un vêtement fait de tissus abandonnés, l'abri d'un arbre pour tout logement, la nourriture reçue en aumône et de l'urine de vache fermentée pour tout médicament. Ils ne peuvent posséder en propre que huit objets : trois vêtements, une passoire, un bol à aumônes, une aiguille, un rasoir et une ceinture.

## Une relation codifiée

Une telle communauté ne peut exister sans le soutien des maîtres de maison et la relation entre *bhikshu* et *upasaka* s'établit sur le don réciproque : les *bhikshu* transmettent l'Enseignement qu'ils étudient et mettent en pratique, les *upasaka* entretiennent matériellement leurs enseignants, comme il est de coutume dans les sociétés traditionnelles. C'est d'ailleurs la signification donnée généralement aux noms qui leur sont attribués, le *bhikshu* étant « celui qui reçoit » les dons et l'*upasaka* « celui qui est assis » auprès de l'enseignant.

Une telle relation de dépendance ne va pas sans difficultés... D'après la tradition, cinq ans après la création du *sangha*, le Bouddha se vit obligé d'instituer des règles qui s'accumulèrent, de nouvelles s'ajoutant aux plus anciennes sans jamais les annuler ; aujourd'hui les moines bouddhistes suivent un ensemble de 227 règles dans les pays d'Asie du Sud-Est, 250 dans les pays d'Extrême-Orient et 253 au Tibet et dans les pays qui y sont liés. Elles sont résumées dans un texte – le *pratimoksha* – que les moines récitent régulièrement, en communauté, lors d'une cérémonie qui se déroule à chaque pleine lune et nouvelle lune.

La vocation de ces règles est d'assurer la bonne entente au sein de la communauté et de favoriser le progrès spirituel de chacun mais, dans le détail, il s'agit très souvent de règles de bienséance ou qui encadrent strictement la manière dont les moines peuvent recevoir les dons des

ZOOM

**L'ordre des moniales**

Selon la tradition, le Bouddha n'aurait tout d'abord pas souhaité fonder une communauté de moniales et son plus proche disciple, Ananda, a dû longuement insister pour qu'il accepte. On ignore les raisons de ce premier refus mais il ne s'agit pas de mettre en doute les capacités spirituelles des femmes car les textes abondent en témoignages de moniales et laïques ayant atteint les plus hauts états de réalisation, y compris l'Éveil. Le Bouddha devait craindre, sans doute, de choquer les brahmanes pour qui les femmes doivent se trouver sous la tutelle des hommes. La règle des moniales institue d'ailleurs une stricte domination des *bhikshu* sur les *bhiksuni*, ce qui leur garantit, paradoxalement, une certaine autonomie… Cet ordre féminin disparut en Inde et à Ceylan vers le XIe siècle ; il ne s'implanta jamais durablement au Tibet et il n'existe plus, aujourd'hui, qu'en Chine, en Corée et au Vietnam.

laïcs ou en faire usage ; la grande majorité d'entre elles a été édictée afin d'éviter aux moines de donner prise au qu'en dira-t-on ! Le Bouddha était sensible à la bonne réputation de ses disciples et souhaitait qu'ils ne soient pas confondus avec des ascètes errants d'autres courants religieux au mode de vie atypique, voire scandaleux. De manière générale, il invitait à respecter les lois établies et à ne pas choquer.

## La difficile relation au pouvoir

Avec l'essor du bouddhisme, les dons ont afflué et les communautés ont été dotées de biens matériels importants : les ascètes errants se fixèrent bientôt dans des monastères qui pouvaient accueillir plusieurs centaines

ZOOM

## Les préceptes

Les bouddhistes laïcs s'engagent ordinairement à suivre cinq préceptes, parfois huit à l'occasion de fêtes, alors que les moines en suivent de 227 à 253 selon les écoles. Mais cette disparité de nombre risque de masquer l'essentiel. À un moine qui vint le trouver pour lui avouer qu'il ne se sentait pas capable d'en respecter autant, le Bouddha déclara : « Si tu es capable d'en mémoriser et pratiquer seulement trois, ceux-ci suffiront : maîtrise ton corps, ta parole et ton esprit. » Les préceptes sont en effet avant tout des incitations à pratiquer l'attention, à favoriser l'harmonie de la vie en commun et à maîtriser les passions – les trois « poisons » que sont l'avidité, l'aversion et l'aveuglement. Ils sont le socle et l'accompagnement indispensable à la pratique de la méditation.

### Les cinq préceptes des laïcs :

« Je m'engage à respecter l'entraînement qui consiste à s'abstenir de :

1. faire violence aux êtres vivants,
2. prendre ce qui n'a pas été donné,
3. m'adonner aux excès dans la satisfaction des plaisirs sensuels,
4. proférer des paroles blessantes, mensongères, inutiles et frivoles,
5. absorber des intoxicants qui font perdre la maîtrise de soi. »

voire plusieurs milliers de personnes. Cela ne facilita pas toujours leurs relations avec la société civile.

En effet, le bouddhisme visant à sortir du monde ordinaire, le *sangha* forme une sorte de société parallèle qui se tient éloignée des règles mondaines, sans pour autant les bafouer : la juste Voie du milieu est un difficile équilibre de rigueur et de compromis. Le Bouddha, ne tenant aucun compte du système des castes qui régit la société brahmanique, institue une hiérarchie basée sur l'ancienneté de l'ordination et non sur l'origine sociale ni même le degré de réalisation spirituelle – même si les moines les plus vénérables sont reconnus et estimés comme tels. Dans le même temps, la règle précise qu'on ne peut ordonner aucun débiteur, voleur ou assassin, un mineur ou un époux qui n'aurait pas reçu l'autorisation expresse de ses parents ou de son conjoint.

Ce difficile équilibre a été particulièrement sensible dans la relation que le *sangha* a entretenue avec le pouvoir politique. Nulle part en Asie – pas même en Inde – le bouddhisme ne se présente comme une religion garante d'un ordre social. Le Bouddha semble avoir fait preuve d'une grande diplomatie dans ses relations avec les souverains, mais il a recommandé à ses disciples de se tenir éloignés du politique. Si le bouddhisme a intéressé les monarques asiatiques, c'est surtout à titre personnel, parallèlement à l'hindouisme ou au confucianisme, afin de préserver leur puissance (les moines méditants et les rituels ont souvent été crédités de pouvoirs surnaturels...), plus rarement comme spiritualité. Les grandes institutions monastiques, qui ne peuvent exister que grâce aux dons des classes dirigeantes, entretiennent avec elles des relations ambiguës : elles se maintiennent en cour au prix de concessions parfois peu orthodoxes, ou elles s'opposent aux dirigeants et s'exposent alors à de violentes persécutions. Les monarques anti-bouddhistes ne s'y sont jamais trompés : pour combattre leur influence, il suffisait de détruire les monastères...

### Un engagement aux degrés divers

On a souvent opposé un bouddhisme populaire – celui des laïcs – et un bouddhisme savant ou profond – réservé aux moines. La réalité est plus nuancée. Ni le Bouddha ni ses successeurs n'ont rejeté ou méprisé les actes de dévotion populaire, et la pratique du don, fortement encouragée, n'est pas considérée comme une pratique au rabais. Certes, le bouddhisme a aussi intéressé le petit peuple parce qu'il pouvait être compris comme une voie de salut réconfortante, promettant un avenir meilleur lors d'une vie ultérieure, dans les domaines divins ou les Terres pures des Bouddhas. Son impact a été d'autant plus grand que les monastères s'investissaient dans des œuvres sociales, devenant hôpitaux, greniers à céréales, écoles. Mais il faut noter qu'on attend rarement des *bhikshu* ou du Bouddha qu'ils offrent des bénéfices matériels immédiats (les bouddhistes n'ont d'ailleurs jamais combattu les religions auxquelles on s'adresse pour obtenir des enfants, une meilleure santé ou de bonnes récoltes) ; on en attend plutôt un certain « bénéfice à venir », tant pour soi-même que pour les défunts proches auxquels on peut « transférer des mérites » (le bénéfice de ses propres actions méritoires), ce qui explique le rôle capital qu'il jouera partout en Asie dans les rites funéraires.

Idéalement, on s'engage dans la voie monastique « jusqu'à son dernier souffle », mais une rupture des vœux est toujours possible et prévue par les textes, dès l'origine. Dans les pays d'Asie du Sud-Est, il est fréquent de prendre la robe plusieurs fois au cours de sa vie, pour quelques mois ou quelques années. Retourné à la vie laïque, un ancien moine bénéficiera d'une aura certaine qui facilitera sa vie sociale.

Dans la réalité, les moines comme les laïcs connaissent des engagements divers qui ne correspondent pas forcément à leur fonction sociale au sein de la communauté. Formellement, les moines s'engagent à suivre un nombre bien plus important de préceptes que les laïcs (voir encadré p. 94) ; pratiquement, tout dépend de leur réelle motivation intérieure et « l'habit ne fait pas le moine», pas plus que leur mode de vie évidemment plus austère...

En fait, les moines assurent un rôle institutionnel important aussi bien pour la réalisation de rituels que la conservation des textes, leur étude et leur diffusion. Mais toute cette activité dépend des moyens qui leur sont fournis par les laïcs et l'engagement de ceux-ci, personnel et financier, est un moteur essentiel et indispensable. L'engagement réel des moines est finalement impossible sans un engagement tout aussi réel et profond des laïcs, même s'il s'exprime de manière différente. ■

# Dieux et divinités

## Un panthéon immense

**Laurent Deshayes**

**Les méditations et pratiques bouddhiques font référence à des dizaines de divinités et de bouddhas. Un paradoxe pour une religion dite « athée ».**

Peu avant de mourir, le Bouddha dit : « Ce que je vous ai enseigné et expliqué comme étant *dharma* [enseignement] et *vinaya* [discipline] sera, à ma mort, votre maître » (*Mahaparinibana sutta*, 6, 1). Pourtant, le panthéon auquel il est fait référence dans les méditations est immense. Bouddhas, *bodhisattvas*, *dharmapalas*... se comptent par dizaines, ce qui n'est pas la moindre des gageures pour une religion sans dieu.

### Le Bouddha et l'état de bouddha

Deux éléments sont à prendre en compte quand on évoque le Bouddha : le point de vue relatif et le point de vue ultime. Relativement parlant, le Bouddha est le personnage historique, celui dont on connaît la vie et les enseignements. Ultimement, il s'agit d'un état spirituel que l'on ne peut évoquer que par allégories : créé et incréé, au-delà de tout intellect. Dans les langues occidentales, il

ZOOM

**Les caractères des bouddhas de méditation**

Les cinq bouddhas de méditation sont associés à une quinzaine de caractères. Parmi ceux-ci :

**Vairocana**, « celui qui illumine », blanc, représente la famille Bouddha. Il a pour symbole la Roue de l'enseignement, pour sagesse celle de la réalité absolue, antidote de l'ignorance.

**Akshobhya**, « l'immuable », bleu, représente la famille Diamant. Il a pour symbole le sceptre adamantin (*vajra*), pour sagesse celle semblable au miroir, antidote de la colère.

**Ratnasambhava**, « source de joyaux », jaune, représente la famille Joyau. Il a pour symbole le joyau, pour sagesse l'équanimité, antidote de l'orgueil.

**Amitabha**, « lumière infinie », rouge, représente la famille Lotus. Il a pour symbole le lotus, pour sagesse celle de la discrimination, antidote du désir et de l'attachement.

**Amoghasiddhi**, « celui qui accomplit tous les desseins », vert, représente la famille Action. Il a pour symbole le double sceptre adamantin, pour sagesse celle du plein accomplissement, antidote de la jalousie.

est courant que le mot « bouddha » soit écrit sans majuscule quand il est fait référence à cet état.

Fort de cette double signification, le Bouddha a longtemps été représenté de manière impersonnelle : arbre de l'éveil, roue de l'enseignement, lotus... Les premières représentations humaines ont environ deux mille ans ; elles suivent un code iconographique strict fondé sur 32 marques majeures et 80 marques mineures, mais on reste encore dans une dimension symbolique puisque certains caractères physiques ne correspondent pas aux proportions humaines (quarante dents, protubérance au sommet du crâne...). Il est généralement représenté assis en position du lotus, portant les robes monastiques et tenant dans sa main gauche un bol à aumônes. Plus rarement, il est couché sur le côté droit, la position qu'il prit pour mourir.

Le « soi » n'ayant pas d'existence propre, il ne peut donc être question d'avoir une quelconque forme de vénération pour le Bouddha, ou bien il faut l'entendre comme un respect profond, loin de tout sentiment pouvant laisser naître l'idolâtrie.

### Bodhisattvas et bouddhas de méditation

Le Bouddha est le socle de tous les véhicules. Dans le mahayana, et a fortiori dans le vajrayana, les formes se multiplient ; elles sont des déclinaisons de l'état de bouddha. Les *bodhisattvas*, « êtres d'éveil » qui illustrent l'altruisme complet, présentent des facettes de l'esprit pur, des qualités ouvrant l'esprit à l'autre et donc propices à l'Éveil.

Huit grands *bodhisattvas*, les « huit fils proches » du Bouddha, sont particulièrement vénérés dans les pays du mahayana où des temples leur sont consacrés. Localement et sans nier ou dénigrer les autres *bodhisattvas*, certains ont une place centrale. Ainsi, au Tibet, Avalokiteshvara, qui manifeste la compassion, et, en Chine et au Japon, Kshitigarbha, qui soulage les êtres endurant les pires souffrances. Des lieux leur sont associés : en Chine, le mont Wutai (Shanxi) est la résidence de Manjushri, qui symbolise la connaissance, et le mont Emei (Sichuan) est le domaine de Samantabhadra, la générosité.

Pour le mahayana, le Bouddha, entendu de manière ultime, se décline sur plusieurs modes dont le plus connu est celui des bouddhas dit « de méditation ». Au nombre de cinq, ils sont comme un prisme qui exprime une première décomposition de la lumière spirituelle en cinq sagesses fondamentales, expressions transcendées de cinq « poisons » qui voilent l'esprit. Chacun de ces bouddhas de méditation représente donc une famille spirituelle avec son symbole, ses *bodhisattvas*, ses vertus et ses défauts (voir encadré p. 100).

### Les déités du vajrayana

Parce qu'il propose une approche spirituelle présentée comme un ensemble de moyens pouvant conduire rapidement à « reconnaître la pureté des apparences », le vajrayana superpose aux symboles du theravada et du mahayana d'autres « divinités » : les « déités d'élection » ou déités personnelles, les *dakinis* et les protecteurs de l'enseignement (*dharmapalas*).

Les « déités d'élection » sont des cristallisations détaillées d'un aspect de l'esprit pur. Les moyens subtils mis en œuvre lors des méditations qui leur sont spécifiques (yogas physiques et intérieurs) permettent de reconnaître la nature ultime de l'esprit ici et maintenant en partant de ce que l'on est. Leur symbolique est complexe car elle recouvre tous les domaines de l'existence (extérieure, intérieure, intime). Bras et têtes multiples, attributs nombreux et postures particulières sont des codes compréhensibles par celui qui a reçu l'investiture de la « déité », et les commentaires oraux qui y sont associés.

**Avalokiteshvara, saint patron du Pays des neiges**

Le bouddha de méditation Amitabha, s'adresse aux autres bouddhas et évoque Avalokiteshvara :

« Voici celui qui sans partage
Est le suprême Corps d'Émanation qui disciplinera
Le pays des Marches enneigées du continent des jambosiers. »

Sur le sommet de sa tête il posa ses mains et (s'adressant à lui) :

« Les êtres des Marches enneigées
Où la discipline du Vainqueur des Trois Temps n'existe pas,
Grâce à la puissance de ta prière, tu les disciplineras,
C'est bien, c'est bien, toi le Fils de la Noble Famille, c'est bien.
Tous ces êtres qui vivent en ces neiges,
Après t'avoir vu, après avoir entendu le son des Six Syllabes,
Dès cet instant, des mondes inférieurs seront libérés.
Puissent-ils obtenir un corps excellent dans les mondes supérieurs ! »

Cité par Pawo Tsuglag Trengwa, *Le Festival des Sages* (XVIe siècle).

ZOOM

Idem pour les *dakinis*, représentations féminines, plus ou moins courroucées et environnées de flammes, qui symbolisent entre autres la sagesse mais qui sont aussi en lien avec l'énergie subtile qui parcourt le corps. Les protecteurs de la Loi bouddhique (*dharmapalas*) sont d'aspect terrifiant, entourés de flammes, portant des ornements en os, piétinant parfois des cadavres... Une de leurs fonctions est de protéger le pratiquant des errements inhérents à la pratique spirituelle du vajrayana : rapide, elle est réputée plus dangereuse, il faut donc avoir des garde-fous.

Enfin, il est courant que ces représentations du vajrayana soient « en union » : brièvement dit, le principe masculin représente les moyens de l'Éveil, le principe féminin la sagesse de l'Éveil, et leurs attributs respectifs détaillent ces qualités.

Les noms de ces aspects de l'état de bouddha sont évocateurs de leur qualité et des pratiques qui leur sont associées, mais toujours de manière symbolique : Roue de la sublime félicité (*chakrasamvara*), Union secrète (*guyhasamaja*), Roue du temps (*kalachakra*), Yogini de diamant (*vajrayogini*), Immuable (*achala*), Grand noir (*mahakala*).

## La religion vécue

D'un point de vue ultime, ces formes (bouddhas, *bodhisattvas*...) ne sont donc qu'illusions ; il ne s'agit que de symboles permettant à l'esprit de pénétrer un sens profond qui reste du domaine de l'ineffable. Représentations d'une réalité ultime, ces formes sont considérées comme des illusions pures, puisque dénuées de toute forme de saisie d'un « soi ». Au contraire, le monde tel qu'il est communément perçu est celui des illusions impures car la perception est pervertie par l'identification à un « soi ». Si tel est le principe de base, on constate dans les faits une distorsion entre cette réalité spirituelle et la réalité vécue, la croyance, pourrait-on dire. La puissance d'accaparement du « soi » veut que les représentations de l'Éveil soient souvent assimilées à des dieux. D'autant que le bouddhisme n'a pas effacé les cultes rendus à des dieux locaux. Il peut donc y avoir, dans la pratique, les mêmes gestes et les mêmes conceptions, que l'on honore un dieu ou une représentation du Bouddha.

Le Tibet offre un autre exemple de cette fusion entre deux univers. Plusieurs textes à caractère prophétique, que la tradition fait remonter à l'époque du Bouddha, précisent que le *bodhisattva* Avalokiteshvara a été annoncé comme devant être le saint patron du Pays des neiges (voir encadré p. 103) et que son *mantra*, la formule en six syllabes *Om maṇi padme hum*, s'y répandra pour le bien de tous. La dévotion pour ce *bodhisattva* y est devenue reine. C'est donc tout naturellement que les dirigeants du pays, religieux ou non, ont été considérés comme des manifestations humaines de la compassion dont le *bodhisattva* est le symbole. Le dalaï-lama en est l'exemple le plus connu.

Ailleurs, en Chine par exemple, des pratiques divinatoires sont fréquemment accomplies devant les autels des *bodhisattvas*, autant que devant ceux des divinités ou des maîtres taoïstes. L'espoir est que la divination soit appuyée par le *bodhisattva*, pour en garantir l'efficacité et éventuellement obtenir son aide pour la réalisation de son souhait.

La multiplicité des formes renvoie donc simplement à une série de déclinaisons de la nature de l'esprit que l'on ne peut concevoir autrement que par des images. Cela ne garantit en rien la démarche personnelle. Celui qui connaît les clés utilise une panoplie infinie de moyens spirituels pour progresser sur la Voie. Celui qui ne les connaît que de manière altérée a logiquement une conception partielle, d'où un déisme apparent et une démarche spirituelle elle aussi altérée. Ces croyances ne sont cependant pas considérées comme négatives puisque leur support, les divinités, n'offre aucune prise à cette identification. ■

# Rites et pratiques

## La spiritualité au quotidien

**Laurent Deshayes**

**Religion du dénuement, du vide, du silence, de la méditation, le bouddhisme est aussi riche en cérémonies et en célébrations parfois extrêmement colorées.**

Un des paradoxes du bouddhisme est celui de ses rites et pratiques, qui se répartissent en deux grands types : ceux qui sont enracinés dans la pratique spirituelle, et ceux qui viennent des croyances populaires.

### Entrer dans la voie

S'il existe des rites de bénédiction pour les nouveau-nés, le véritable premier rite du bouddhisme est celui dit de la « prise de refuge », c'est-à-dire de l'entrée dans la voie bouddhiste.

La cérémonie est simple mais lourde de sens. Sûr de son engagement, l'aspirant effectue trois petites prosternations, s'agenouillant en joignant les mains et en s'in-

ZOOM

**La musique tibétaine**

Le classement des instruments de musique n'a pas de rapport avec leur famille (à vent, à percussion), ni avec leur difficulté de jeu. La graduation va de la conque aux cymbales, en passant par le tambour et les trompes. Deux instruments, placés en haut de la hiérarchie, tiennent une place particulière : la cloche (ghanta), toujours associée à un petit sceptre (vajra) symbolise la sagesse ; le damarou, un tambourin double à fouet, a une symbolique complexe et il est avant tout utilisé par le religieux qui dirige spirituellement le rituel, la direction des mélodies et de la musique revenant au maître de chant qui utilise les cymbales. Enfin, certains instruments faits d'os humains ont un sens symbolique très subtil et profond ; leur utilisation est extrêmement codifiée.

clinant jusqu'au sol, après quoi il demande formellement que lui soient donnés les trois « refuges » : dans le Bouddha, le *dharma* (l'enseignement) et le *sangha* (la communauté des pratiquants au sens large, celle des moines et des nonnes, au sens restreint).

Le postulant à l'état de bouddha est supposé être bien conscient de sa requête. Le maître de cérémonie prononce, à trois reprises, la phrase de la prière du refuge, une prière répétée par celui qui entre dans la voie du Bouddha. Ensuite, selon la tradition, le maître de cérémonie coupe une mèche de cheveux sur le sommet de la tête, en signe de renoncement au monde, et donne un nom religieux. Ce nom, « nuage de l'enseignement », « bannière de la générosité », est toujours évocateur d'une qualité spirituelle ; il est pour le nouveau bouddhiste un renvoi à la nature profonde de son esprit. Dès lors, la pierre angulaire de l'existence se situe dans le domaine spirituel ; le monde n'est pas rejeté, il est seulement laissé dans la relativité qui est la sienne.

Les rites d'ordination monastique sont plus élaborés car l'engagement est plus fort : il s'agit, comme dans toutes les traditions, de renoncer complètement au monde, de quitter ses proches et d'intégrer une communauté spirituelle entièrement fondée sur la quête intérieure. Des rites particuliers peuvent se greffer à la cérémonie originelle durant laquelle le moine ou la nonne reçoit son nom, ses vêtements religieux et son bol à aumônes ; cela concerne surtout le bouddhisme pratiqué en Asie du Sud-Est, en Chine et au Japon. Selon le degré d'ordination, mais parfois simplement selon la tradition du monastère, le moine ou la nonne se faisait brûler des points du cuir chevelu. Ces brûlures, jusqu'à plus d'une dizaine, sont la manifestation publique du renoncement puisqu'elles empêcheront toute repousse des cheveux, considérés comme un attribut mondain.

## Les rituels

Les rituels tiennent une place différente selon les véhicules. Dans le theravada, ils sont célébrés par la communauté monastique. Il s'agit majoritairement de récitations quotidiennes de *sutras*, les discours prononcés par le Bouddha. Aux temps forts de la vie monastique, deux fois par mois pour les cérémonies de confession, ou lors des célébrations organisées aux dates anniversaires de la naissance, de la mort et de l'éveil spirituel du Bouddha, les religieux ordonnés récitent les *sutras* directement liés à ces événements.

Parce qu'elles sont liées à l'état monastique, on retrouve les mêmes célébrations dans les monastères appartenant au mahayana. Cependant, la dimension altruiste, centrale pour ce véhicule, et la multiplicité des *bodhisattvas* enrichissent la forme de nouvelles pratiques. Les *bodhisattvas* sont l'objet de prières et de méditations spéciales, parfois rythmées par un maillet frappant un bol dont la teneur en argent rend de manière particulière le son et les harmoniques. Les longues récitations chantées de formules au caractère plus ou moins ésotérique donnent à l'ensemble une dimension sacrée incontestable. Parallèlement au chant, les offrandes d'eau, d'encens, de lumière et de nourriture se multiplient d'autant que la communauté laïque est un élément actif et que chacun, au temple ou devant son autel familial, peut en déposer à loisir.

La musique est un élément très important. Il ne s'agit pas d'une simple activité artistique mais d'une activité spirituelle qui s'exprime par l'art, et dans l'art. Ainsi le *shakuhachi*, une flûte de bambou percée de cinq trous qui est jouée par les moines japonais de la tradition *zen* de Fuke, n'est rien d'autre qu'un instrument de méditation. Souffle physique et souffle spirituel sont indissociables, le musicien est un méditant.

C'est incontestablement dans le vajrayana que les rituels trouvent un épanouissement qui, en apparence seulement, est à l'opposé de la sobriété du theravada. Dans le rite tibétain, la musique tient une place importante (voir encadré p. 108), ainsi que les danses et les masques. Les techniques de chant, du récitatif, ou chant dit « mélodieux », peuvent être très complexes ; elles varient d'une lignée à l'autre et selon les monastères. Là encore, la musique n'est que médi-

ZOOM

**Les offrandes**

**Les offrandes traditionnelles, communes à tous les véhicules, sont au nombre de sept ou huit. Elles sont disposées dans des bols selon un ordre précis sur l'autel ou au pied de l'objet de dévotion, toujours sur un emplacement propre. Il s'agit de l'eau à boire, de l'eau lustrale, de fleurs, d'encens, de lumière, de parfum, de nourriture et de musique. Ces offrandes peuvent être faites soit réellement, soit symboliquement avec de l'eau ou des graines. Une courte prière est dite pour formaliser le don. Sur un autel, elles sont changées quotidiennement.**

tation. Ainsi, certains chants ont pour origine des mélodies spontanément jaillies de l'expérience mystique d'un maître ; transmis fidèlement parfois pendant des siècles, ils sont considérés comme porteurs de la bénédiction du maître, autant par leur mélodie que par leur sens. Dans ce registre, les chants de Milarepa (XIIe siècle) sont les plus célèbres.

## Les yogas

Si l'on entend le terme « yoga » dans son sens originel, celui d'un lien entre le corps et l'esprit (le mot « joug » en dérive), toutes les pratiques peuvent être considérées comme telles. Dans ce sens, hormis la méditation assise, le yoga le plus pratiqué est la méditation marchée, chaque pas étant associé à la respiration (inspirer, expirer) et à une intention (je sors de la souffrance, je marche vers l'éveil...) ou à une pensée facilitant la concentration (j'inspire, j'expire). Si cette pratique valorisée par le Bouddha est connue de tous, de façon plus ou moins explicite, elle peut avoir des développements tout à fait étonnants. Ainsi en est-il

ZOOM

**Circumambulations et prosternations**

Pratique courante dans les différentes écoles spirituelles indiennes, les circumambulations ont été adoptées par le bouddhisme. Même s'il existe des exceptions, la règle commune veut que le pratiquant tourne dans le sens des aiguilles d'une montre autour de l'objet de dévotion, qui peut être une personne (moine, maître spirituel), un objet (reliques, textes...) ou un lieu (monastère, bâtiment sacré, montagne...). Dans le bouddhisme de rite tibétain, la circumambulation peut se doubler d'autres pratiques dévotionnelles, notamment les longues prosternations. Plutôt que de rester agenouillé comme pour une petite prosternation (en usage dans tout le monde bouddhiste) le pratiquant s'allonge entièrement au sol, bras tendus, souvent en récitant une prière, se relève, fait un ou deux pas et recommence. Ces longues prosternations sont aussi accomplies sur le chemin de pèlerinage, parfois sur des centaines de kilomètres.

de la marche des moines du mont Hiei (Japon) qui font symboliquement le tour du monde en parcourant presque 100 kilomètres par jour pendant 100 jours.

Il existe cependant des pratiques, dans le vajrayana, où la posture physique et la respiration se doublent d'une posture mentale suscitée par des « visualisations ». Ces yogas sont inaccessibles au pratiquant ordinaire car ils ne peuvent être abordés qu'après d'autres pratiques préparatoires, répétées des centaines de milliers de fois, parfois accomplies sur des années. En outre, ils ne peuvent généralement être pratiqués que lors de retraites spirituelles dans un premier temps. Les plus connus sont ceux dits « de Naropa », un maître indien du XIe siècle qui fut un de leurs principaux promoteurs. Il s'agit de méditations, fondées sur des techniques respiratoires et physiques, où entrent en œuvre les composants subtils du corps : courants énergétiques, canaux qui les véhiculent et « gouttes » correspondant à des principes spirituels fondamentaux.

## Les pratiques populaires

Pour ceux qui s'investissent personnellement et intimement dans la pratique spirituelle, qu'ils soient ordonnés ou non, les rites gardent leur sens initial. Même s'il est toujours loisible de sombrer dans le ritualisme, faire un rituel est avant tout une manière de méditer, de développer la concentration et, dans le cas du vajrayana au moins, de mettre en œuvre les yogas intérieurs dont le texte récité ou chanté est le support et l'aide-mémoire.

Pour les populations des pays de culture bouddhiste, les techniques de méditation comme leur signification profonde sont souvent méconnues. Ne sont connus que les caractères apparents, ce qui peut s'expliquer, parfois, par l'usage d'une langue religieuse très riche et très subtile mais pas, ou peu accessible si l'on en ignore les clés. De même, la vacuité et l'illusion des apparences, des thèmes maintes fois déclinés par le Bouddha, sont souvent perçues de manière altérée. De là, le Bouddha, le panthéon du mahayana et celui du vajrayana, sont parfois vénérés plus comme des personnes que comme des états spirituels. D'un point de vue religieux, cette démarche et cette perception déistes sont vues comme un fait naturel, comme une sorte d'étape logique car la plus facile pour l'homme, mais fondée sur l'ignorance.

Prosternations, circumambulations, offrandes (voir encadrés) sont généralement pratiquées par tous, religieux et laïcs. Il s'agit d'actes de dévotion qui prennent un caractère collectif spectaculaire lors des grandes cérémonies du calendrier religieux. Cela s'inscrit dans la pratique plus générale de « l'accumulation de mérites », c'est-à-dire d'actes vertueux qui contrebalancent les actions négatives faites dans cette vie et dans les précédentes, la sincérité étant l'une des clés de ces pratiques. L'objectif est de favoriser les conditions d'une renaissance plus souriante et propice à la vie spirituelle.

Un autre type de pratique, manifestant un syncrétisme avoué, est celui des offrandes faites aux anciennes divinités qui ont pu, parfois, être intégrées au culte bouddhiste, ou être laissés en marge sans forcément être combattues. Les *naga*, des divinités « infernales » ou aquatiques, les divinités locales, habitant tel arbre ou tel rocher, telle source ou tel col, sont toujours l'objet d'offrandes et d'un respect dont l'expression mêle bouddhisme et animisme.

Cette densité spirituelle de la vie ordinaire a très souvent étonné les Occidentaux lorsqu'ils ont découvert l'Extrême-Orient, et plus encore les missionnaires qui, à l'instar des pères Huc et Gabet lors de leur court séjour à Lhassa (1846), reconnurent, louèrent bien souvent, jalousèrent parfois la religiosité des populations bouddhistes. Même si cela peut paraître superficiel, même si l'on peut y reconnaître des éléments mêlant dévotion fervente, crainte, respect et superstition, comme dans les autres religions, du reste, il n'en demeure pas moins que la religion est indissociable de la vie courante. La modernité a certes altéré ces pratiques, mais elles persistent notamment lors des temps forts de la vie individuelle et sociale. ■

# Les symboles

## Les signes de la doctrine

**Fabrice Midal**

**Expression matérielle des principes de la Loi, ces objets contiennent, en condensé, les lignes de force du bouddhisme.**

### Le bol à aumônes

Le bol à aumônes est l'un des rares objets que tous les moines doivent posséder et qui symbolise leur vœu. Il leur sert à recevoir la nourriture offerte par les fidèles. La légende raconte que le Bouddha reçut des offrandes de divers donateurs. N'ayant rien pour la contenir, il réunit par magie quatre bols de pierre en un seul. Le bol est le symbole du Bouddha lui-même tel qu'il se manifeste sous la forme du *bhiksus* (le mendiant).

### Le lotus

Naissant dans l'eau saumâtre et stagnante des étangs, la fleur de lotus s'élève couramment à vingt ou trente centimètres au-dessus de l'eau. Elle est, pour cette raison, le symbole de la pureté que rien n'altère, de la sagesse qui sort de la confusion sans en être souillée. Le Bouddha est souvent représenté siégeant sur une telle fleur – ce qui indique qu'il est né sans être entaché par les passions conflictuelles. Le cœur des êtres est comparé à un lotus fermé, qui s'épanouit quand les vertus du Bouddha sont cultivées.

Dans le tantrisme, le lotus est le symbole du principe féminin et évoque parfois le vagin sacré.

### Le nœud de la vie infinie

L'entrelacement des lignes du nœud de la vie infinie rappelle comment tous les phénomènes découlent les uns des autres et sont interdépendants. Ce nœud est le signe auspicieux par excellence. Comme chaque chose est reliée à d'autres, en plaçant ce symbole sur une porte, ou sur n'importe quel lieu ou objet, on espère qu'une relation bénéfique puisse naître à cet endroit ou en cette occasion.

### Le joyau qui exauce les désirs

En forme de boule pointue vers le haut, il manifeste la vraie richesse, l'ensemble de tout ce que l'homme peut désirer au plus profond de son cœur. On le trouve souvent représenté triple, et il symbolise alors le Bouddha, son enseignement (*dharma*) et la communauté des pratiquants (*sangha*). C'est en ces trois joyaux que l'adepte prend refuge. Parmi tous les joyaux, Bouddha, *dharma* et *sangha* sont considérés comme incomparables car leur valeur n'étant pas matérielle, elle ne peut être créée, détruite ou changée.

### Le « vajra » ou foudre

Le *vajra* a une origine lointaine probablement mésopotamienne. Il apparaît dans les Védas, associé au dieu de la guerre, Indra – qui présente certaines analogies avec le dieu grec, Zeus. Le *vajra* est une arme de guerre qui peut être lancée sur l'ennemi – c'est-à-dire la confusion sous toutes ses formes. À la façon du marteau de Thor, il ne peut jamais manquer sa cible et revient dans la main de son propriétaire, après avoir accompli son œuvre. Il symbolise, en ce sens, l'action parfaite qui détruit ce qui doit l'être.

Il évoque, particulièrement dans le *tantra*, l'indestructibilité et l'immuabilité de l'Éveil qu'aucune forme d'attachement et de sentimentalisme ne peut souiller.

Au Japon, dans l'école *shingon*, les novices utilisent le *vajra* à une pointe, symbole de l'unité des enseignements. Le *vajra* à trois pointes désigne l'union du corps, de la parole et de l'esprit et leur transformation bénéfique. Le *vajra* à cinq pointes indique la transmutation des cinq confusions principales – l'ignorance, la haine, la colère, l'avidité, la saisie passionnelle – en sagesses parfaites. La sphère au centre du *vajra* figure la vacuité, l'espace à partir duquel tout se déploie et se transmute.

Dans le tantrisme, il est le symbole masculin qui s'unit au lotus.

## La roue

Symbole solaire depuis l'Antiquité, la roue indienne représente la souveraineté. Elle est l'emblème du Chakravartin, le monarque universel.

Le Bouddha est souvent représenté tenant une roue indiquant qu'il est le roi de l'univers présentant la vraie Loi. Symbole de complétude et de perfection, la roue témoigne de l'espoir que l'enseignement du Bouddha puisse se répandre dans toutes les directions pour le bien de l'ensemble des êtres vivants.

## La clochette

Elle symbolise le principe féminin, la vacuité à partir de laquelle tous les phénomènes se manifestent, l'ouverture intangible, la perfection de la sagesse. Le son qu'elle produit réveille et clarifie l'esprit comme l'enseignement des bouddhas en tant que parole juste, invocatrice et créatrice. Tout comme le son résonne dans le vide du corps de la cloche, l'enseignement du Bouddha naît de la vacuité et en est inséparable.

Lors des rituels, le pratiquant tient toujours le *vajra*, symbole masculin, dans la main droite et la clochette, symbole féminin, dans la main gauche.

# Les fêtes bouddhiques

## Des rituels populaires

**Catherine Barry**

**La plupart des fêtes bouddhiques célèbrent les moments importants de la vie du Bouddha. D'autres cérémonies, adaptées aux coutumes locales, se sont développées autour de cultes rendus à des saints, des reliques ou autour de la vie monacale.**

Si elles célèbrent les mêmes événements, les fêtes bouddhiques varient selon les véhicules et les coutumes locales. Certaines sont indissociables de lieux précis. C'est le cas par exemple au Sri Lanka, à Candy, au mois d'août, avec la procession de la dent du Bouddha.

### Naissance, Éveil et « parinirvana » du Bouddha

Le Vesak, fête bouddhique par excellence dans les pays de tradition theravada, commémore la naissance, l'Éveil et le *parinirvana* du Bouddha, l'état d'Éveil absolu réalisé au moment de sa mort et qui marque aussi la fin du cycle de ses renaissances. Fête fériée, elle se déroule à la nouvelle lune du mois de vesakha (avril/mai). La journée commence au temple. Les fidèles prient et rendent hommage au Bouddha en faisant des offrandes d'encens, de fleurs, de bougies... Les moines récitent des textes tirés du canon pali. Chacun est invité à faire des efforts pour renforcer ses liens avec les autres. Les rites achevés, les moines prennent les repas préparés par les laïcs, avant midi, comme le veut la règle monastique. Des objets indispensables à leur vie quotidienne leur sont remis.

Les Tibétains et les peuples de l'Himalaya célèbrent cette fête le 15e jour du 4e mois lunaire. Elle donne lieu à d'impressionnants « lâchers » d'animaux, tels que poissons, volatiles, oiseaux, originellement destinés à la consommation. Le Japon ayant adopté le calendrier grégorien, la naissance du Bouddha est fêtée le 8 avril et est appelée « fête des fleurs », en référence au jardin où il est né ; son éveil, le 8 décembre et son *parinirvana*, le 15 février.

## Le nouvel an

Chine, Corée et Vietnam célèbrent le nouvel an à la première nouvelle lune après les grands froids, soit entre le 20 janvier et le 20 février.

En Chine, les festivités durent trois jours. La veille du jour de l'an, des pétards explosent pour chasser les mauvais esprits et accueillir la nouvelle année. Le jour de l'an commence par des offrandes de lumière, de nourriture, d'encens et de fleurs aux ancêtres défunts. Des enveloppes rouges remplies d'argent sont données aux enfants. La famille se fait bénir par les moines, au temple. À midi, un somptueux repas est organisé. Beaucoup de friandises sont mangées afin que l'année soit douce. En début d'après-midi, des cérémonies de bon augure consacrent habitations et commerces : danses de lions ou de dragons afin d'attirer argent, santé, prospérité et bonheur sur leurs occupants.

Le nouvel an tibétain, le Losar, est fixé selon un calendrier luni-solaire différent du calendrier chinois. Les festivités durent quinze jours. Les maisons sont nettoyées et on s'habille de vêtements neufs. Des rituels quotidiens commémorent la période où le Bouddha accomplit des miracles à Shravasti et visent à combattre le mal pour débuter l'année avec de bonnes énergies. Des danses, rituels d'exorcisme, exprimant cette bataille entre le bien et le mal, sont jouées devant la population.

En Asie du Sud-Est, le nouvel an se fête vers la mi-avril. Au Laos par exemple, les festivités de Boun pimay, fête de l'eau, durent près d'une semaine. L'arrosage des bouddhas dans les temples et de la population dans les rues lors des processions donne lieu à des moments de liesse étonnants.

### Les fêtes des âmes errantes

En Chine, les fêtes dites du septième mois sont dédiées aux âmes errantes. Le premier jour, les portes des cieux et des enfers s'ouvrent afin que les défunts communiquent avec les vivants tout au long du mois. Le 15e jour, c'est la fête du « salut universel ». Les cérémonies sont effectuées par les vivants au bénéfice des

**Parinirvana**

**Nirvana « absolu », complet, « sans résidus ». « Extinction parfaite » et définitive des bouddhas lors de la dissolution du corps physique, à la mort biologique.**

morts. À la fin du mois, les portes entre les deux mondes se referment. En Asie du Sud-Est, le septième mois, des rituels animistes locaux se rajoutent parfois : au Laos, des rites sont rendus aux esprits, les *phi*, afin de les apaiser.

### Fête autour de la retraite des moines en Asie du Sud-Est

En Asie du Sud-Est, l'entrée en retraite des moines pour la saison des pluies se fait le 8e mois de l'année. C'est le début du carême bouddhique, le Vas. Les adolescents et les hommes adultes qui le souhaitent peuvent prendre des vœux de moine temporaires afin de se consacrer, pleinement, à la pratique. Le Vas se termine par la fête du Kathina, cérémonie annuelle d'offrande des robes aux moines, entre la pleine lune d'octobre et celle de novembre. ▪

# Les pèlerinages

## Voyages vers l'Éveil

**Philippe Cornu**

**Reliques, statues miraculeuses, empreintes de saints personnages ou lieux sacrés sont le but de centaines de pèlerinages dont la tradition remonte aux origines du bouddhisme.**

Très présente et toujours vivace dans l'ensemble du bouddhisme, la tradition des pèlerinages sur les lieux sacrés remonte sans doute aux premières années qui ont suivi la mort du Bouddha (vers - 400). On peut lui trouver deux causes essentielles – qui ne sont pas véritablement inhérentes au bouddhisme : la vénération des reliques et la notion de géographie sacrée, déjà présentes dans la culture indienne (et les autres cultures locales) avant l'avènement du bouddhisme. Un autre élément, plus caractéristique du bouddhisme des origines celui-là, serait le caractère itinérant des premières communautés de moines qui suivaient le Bouddha dans ses déplacements incessants dans les régions du nord de l'Inde. L'imitation de cet exemple aurait donné naissance aux parcours de pèlerinage, parfois longs de dizaines, voire de centaines de kilomètres.

ZOOM

### Des pèlerins de l'extrême

Lorsqu'ils sont en pèlerinage, les moines du theravada, dans le Sud-Est asiatique, saisissent cette occasion pour pratiquer les *dhutanga* dans la nature, dormant n'importe où en forêt, dans des ermitages, ne mangeant qu'une fois par jour, vêtus de robes monastiques en haillons… Les pèlerins tibétains sont renommés pour leur ferveur religieuse et pour leur endurance rare quand ils entreprennent de se prosterner tout au long de leur parcours sacré. Enfin, au Japon, il faut mentionner les pèlerinages des *yamabushi*, ascètes tantriques du shugendo (voir p. 126) vêtus de blanc, portant chapeau et sandales de paille, qui se livrent à de difficiles purifications comme la récitation de *mantras* sous les cascades à Kumano ou sur le mont Hiei.

## Le culte des reliques

Lors de la crémation du Bouddha à Kushinagar, ses reliques furent réparties entre les clans et recueillies dans huit tumulus qui deviendront par la suite les premiers *stupas*, les monuments reliquaires. Dès cette époque, on considère qu'un grand pouvoir réside dans ces reliques et que le fait de les honorer permet au fidèle d'accumuler des actes méritoires. Peu à peu, les reliques du Bouddha, dents, os, cheveux, perles de couleur, objets personnels, se répandent dans le monde bouddhiste, et les lieux consacrés à ces reliques deviennent des buts de pèlerinage : une des dents du maître est conservée à Kandy au Sri Lanka, un cheveu au Rocher d'or de Kyaiktiyo (Birmanie), et son bol à aumônes a été ramené du Sri Lanka en Chine. À ces reliques vont s'ajouter celles de grands disciples et des maîtres réalisés.

### Objets de culte et lieux de pèlerinage se diversifient

Bientôt, d'autres objets sacrés vont devenir prétextes à pèlerinages : des statues que l'on dit apparues miraculeusement, comme le célèbre Bouddha d'émeraude actuellement à Bangkok ou celles de la déité féminine Tara dans des parois rocheuses au Tibet et au Népal. Mais également les empreintes de saints personnages comme Padmasambhava dans des rochers, des grottes où vécurent de grands méditants, et des arbres issus de rejetons de l'arbre de la Bodhi sous lequel le Bouddha s'éveilla à Bodhgaya. Les lieux de pèlerinage sont d'abord les endroits où a séjourné le Bouddha : Lumbini au Népal, lieu de sa naissance ; Bodhgaya, Sarnath et Kushinagar en Inde, où il connut son Éveil, son premier sermon et son passage en *nirvana*.

Il faut aussi mentionner maints lieux sacrés prébouddhiques de l'Asie, assimilés par le bouddhisme devenu la religion dominante du pays, comme on le voit au Tibet pour certaines montagnes sacrées. Au Tibet et au Japon, la très curieuse tradition des « montagnes volantes » – selon laquelle certains sites montagneux, comme le pic des Vautours en Inde, seraient des morceaux de montagnes sacrées transportés miraculeusement très loin par la voie des airs – permet de transposer le culte d'un lieu saint indien loin de son origine. Enfin, des pèlerinages ont lieu là où de grands personnages ont eu des visions. C'est le cas du Wutaishan, la montagne des Cinq pics en Chine, où résiderait Manjushri, le *bodhisattva* de la sagesse, que quelques pèlerins fervents ont parfois la bénédiction de voir apparaître...

## La signification des pèlerinages

Un pèlerinage est le symbole du voyage spirituel vers l'Éveil avec toutes les difficultés dont il faut triompher. Il s'agit donc de l'entreprendre comme une pratique spirituelle qui offre des occasions de réfléchir sur soi-même mais surtout de se purifier par une sorte d'ascèse. Le Bouddha n'a certes jamais encouragé l'ascèse ni la mortification, puisqu'il préconisait plutôt une voie médiane entre la vie mondaine des laïcs et l'extrême de la macération. Mais la vie des moines bouddhistes était malgré tout austère, dépouillée et le maître avait autorisé la communauté à pratiquer douze ou treize exercices ascétiques (les *dhutanga*) sur des périodes limitées. Il n'en a pas fallu davantage pour que les pèlerinages revêtent cet aspect purificateur, d'autant que nombre d'entre eux se parcourent sur de longues distances, dans des sites naturels difficiles, voire périlleux comme le sont les parcours montagneux. Tous les pèlerinages n'ont toutefois pas ce caractère austère, car à côté de cet idéal de purification, ils sont aussi l'occasion de vénérer reliques et bouddhas, et de pratiquer des offrandes méritoires. Dévotion et ferveur populaires sont au rendez-vous et n'ont pas forcément un caractère austère. Enfin, le pèlerinage est un moment intense de rencontres pour la communauté bouddhiste, où fidèles laïcs et moines se côtoient le plus

**Shugendo**

**Religion syncrétiste japonaise alliant des croyances populaires du shinto, du bouddhisme et du taoïsme chinois.**

souvent. Des amitiés se nouent, des échanges spirituels se produisent, des entraides dans les moments difficiles, et les haltes et les soirées sont l'occasion chaleureuse d'évoquer autour d'un feu la légende des saints personnages, des récits miraculeux où des bouddhas apparaissent aux fidèles. On l'a dit, moines et fidèles laïcs se pressent ensemble sur les sentiers des grands pèlerinages. Toutefois, certains pèlerinages d'origine pré-bouddhique et à peine bouddhisés, consacrés à une montagne habitée par une déité locale au Tibet ou ailleurs (culte des *nat* en Birmanie), sont souvent l'apanage des laïcs, les moines n'étant pas conviés aux rituels. Mais pour les pèlerinages réellement bouddhiques, les moines célèbrent les rituels et les laïcs y participent par leurs offrandes et leurs prières.

## Quel avenir pour les pèlerinages ?

Même au Japon où la pratique bouddhique a décliné, les pèlerinages jouissent encore d'une grande popularité, et c'est par dizaines de milliers chaque année que des Japonais accomplissent celui des 88 temples de Shikoku. Au Tibet, les pèlerinages au mont Kailash, au Jokhang à Lhasa et à l'Amnyé Matchen sont bien vivants. Quant à Bodhgaya et aux lieux sacrés de l'Inde, négligés pendant des siècles, ils sont désormais le but de bouddhistes du monde entier. Le pèlerinage semble garder sa place, espace sacré pour un voyage tout autant intérieur qu'extérieur dans un monde désenchanté où les repères se font de plus en plus rares. ■

# La religion populaire

## Cultes et dévotions

**Philippe Cornu**

**Culte de divinités locales, de reliques, amulettes et talismans, superstitions, astrologie... Le bouddhisme pratiqué et vécu par les laïcs inclut un large éventail de croyances populaires, loin de la religion aseptisée des élites érudites.**

Il est courant, dans les milieux universitaires occidentaux mais aussi en Asie, chez les élites érudites, de distinguer un bouddhisme savant officialisé par les institutions monastiques et un bouddhisme populaire largement tributaire des croyances autochtones ou antérieures au bouddhisme, gardées vivaces dans les couches populaires. Mais la question n'est pas si simple et pose plusieurs problèmes d'interprétation.

Cette distinction qui coupe le bouddhisme en deux pôles satisfait certes les rationalistes partisans d'un « vrai » bouddhisme aseptisé et athée, désireux de le distinguer de toute religiosité superstitieuse. Mais reflète-t-elle la réalité du bouddhisme, tel qu'il est vécu dans les pays d'origine ? Et ce « bouddhisme épuré » n'est-il pas tout simplement une fiction intellectuelle ? Certes, les études sur le bouddhisme au XIXe et au début du XXe siècle ont essentiellement porté sur les grands textes et leur exégèse, et la bouddhologie occidentale a surtout décrypté les idées philosophiques et sotériologiques de la tradition scripturaire en délaissant l'observation des pratiques sur le terrain.

### Des pratiques locales diversifiées

Mais c'est oublier que les textes n'existent qu'en soutien d'une pratique spirituelle effective et que même le bouddhisme dit « savant » ne saurait, en Asie, exister sans la pratique de l'éthique (*shila*), de la méditation (*samadhi*) et de la sagesse (*prajna*) qui le vivifient. C'est aussi oublier qu'une voie spirituelle telle que le bouddhisme se déroule dans un contexte culturel dont les expressions locales sont extrêmement diversifiées. Et il ne faut pas perdre de vue, comme le dit Bernard Faure, que « le bouddhisme n'est en fin de compte qu'une abstraction [...], il n'y a que des bouddhistes ». En effet, ce sont les acteurs eux-mêmes qui sont en position de montrer ce qu'est le bouddhisme vivant et non des observateurs extérieurs.

### Des pratiques dites « populaires » à multiples niveaux

Ces précautions prises, il y a bien un vaste éventail de pratiques que l'on pourrait qualifier de populaires dans la mesure où un grand nombre de fidèles bouddhistes plus

ZOOM

**Astrologie et divination**

De même qu'au Moyen Âge l'Église tolérait parfois les arts d'Hermès à sa porte, le bouddhisme est fréquemment associé, en Asie, aux arts divinatoires. L'astrologie tibétaine, par exemple, est liée aux légendes bouddhistes et au *tantra* de la Roue du temps (Kalachakra). C'est Manjushri, le *bodhisattva* de la sagesse, qui en est le saint patron, et l'astrologie comme la divination trouvent une justification bouddhiste : elles aident les êtres humains à prévenir les calamités, des rituels peuvent être exécutés pour détourner les maux annoncés, et la médecine elle-même y a recours pour diagnostiquer et guérir les cas de possessions et les maladies d'origine démoniaque. Au Tibet, les *mo* sont des techniques divinatoires où l'on invoque les divinités avant de lancer les dés ou d'égrener le rosaire. Moines et yogis sont ainsi souvent consultés pour leur clairvoyance dans les situations difficiles. Le Tibet n'est pas exceptionnel en cela car partout en Chine, au Cambodge, en Thaïlande, au Japon, on manie les tablettes divinatoires, on dresse les horoscopes et on confectionne des amulettes à l'ombre bienfaisante des temples bouddhistes...

ou moins éduqués y participe activement. Mais encore faut-il ménager quelques distinctions parmi ces pratiques. Dans une première catégorie, on rangera un ensemble de pratiques spirituelles et dévotionnelles intimement liées à l'enseignement bouddhiste. C'est le cas de la distribution d'aumônes matinales aux moines dans les pays du Sud-Est asiatique, des prosternations, prières et offrandes faites au temple par les fidèles, mais aussi des pèlerinages sur les lieux sacrés du bouddhisme et du culte des reliques. Ces actes religieux, intégrés à la doctrine, sont des pratiques méritoires et purificatrices recommandées dans les textes qui permettent aux fidèles laïques de participer activement à la vie spirituelle. Ces pratiques communes, qui rassemblent parfois des foules, s'intensifient lors des grandes fêtes bouddhistes.

On peut aussi inclure dans cette catégorie le culte des bouddhas et des grands *bodhisattvas* dans l'ensemble des pays du Grand véhicule. Il s'agit là de pratiques dévotionnelles qui permettent à la population bouddhiste de rendre hommage aux bouddhas, mais aussi de leur demander aide et assistance comme on le fait, dans le catholicisme, avec le culte des saints. Dans le monde sino-japonais, près de 250 millions de fidèles vouent leur foi au bouddha Amitabha afin de renaître dans sa Terre pure. Au Japon, le culte de Jizo est particulièrement vivant. Ce *bodhisattva*, dont le nom signifie « matrice de la terre », a fait vœu, selon sa légende, d'aider l'humanité entre le moment de la disparition du Bouddha historique et l'avènement du futur bouddha Maitreya. Il se dévoue plus particulièrement à la salvation des êtres qui gisent dans les enfers et à la protection des enfants, notamment ceux qui sont malades, morts en couches, en bas âge et par avortement. Sa popularité est telle qu'il ne se trouve guère de temples, de cimetières ou de carrefours où l'on ne trouve pas ses statues de pierre, parfois reproduites en grande série.

**Vinaya**

**Corpus des textes bouddhiques ayant trait aux règles de la vie monastique.**

## Dévotion ou superstition ?

La plupart d'entre elles sont affublées de bavoirs et de bonnets rouges, ex-voto laissés par les mères d'enfants malades ou les femmes ayant perdu un enfant. On pourrait citer aussi le culte de Guanyin en Chine (appelé Kannon au Japon et Tchenrézi au Tibet) qui n'est autre qu'Avalokiteshvara, le très populaire *bodhisattva* de la compassion. Ce type de pratique, souvent méprisé par certains qui y voient une attitude superstitieuse et naïve, est pourtant au cœur du bouddhisme. Car par la dévotion, l'homme entre en contact intime avec son propre cœur et se rapproche ainsi de l'Éveil.

Une seconde catégorie regroupe des pratiques bouddhisées dont l'origine remonte à des cultes locaux autochtones ou à des pratiques religieuses du cru, souvent antérieures à l'arrivée du bouddhisme dans la contrée. Au Japon, la religion nationale est le shinto, « la voie des dieux ». On y vénère des *kami*, personnifications divinisées des éléments naturels, de lieux sacrés et de personnages ancestraux. Dès le VIIe siècle, soit à peine cent ans après son arrivée au Japon, le bouddhisme s'est allié à cette religion au point qu'ils vont s'harmoniser pendant près de 1 200 ans, certains *kami* étant assimilés à des protecteurs de temples et à de grands *bodhisattvas*.

Au Tibet, de très nombreux rituels adressés aux divinités du terroir comme les dieux-montagnes, souvent complexes, entrent aussi dans cette catégorie. Ces rituels sont intégrés au tantrisme qui les considère comme des moyens habiles au service des pratiquants pour éliminer les obstacles, guérir des malades et favoriser les circonstances. Ils sont exécutés généralement par des *ngakpa*, des yogis laïques spécialisés, au profit des habitants des villages qui leur en font la requête agrémentée d'offrandes. On pourrait multiplier les exemples, tant ces cultes sont omniprésents en Asie bouddhiste. Le Bouddha lui-même, sans pour autant encourager les cultes locaux, ne les a jamais condamnés. Parfois, le bouddhisme tolère un culte local sans que les moines y participent : c'est le cas en Birmanie pour le culte des *nats* (déités locales) réservé aux *natkadaws*, des médiums laïques spécialisés.

### Talismans et amulettes

Dans une troisième catégorie, on peut ranger une série de pratiques plus ou moins magiques, survivances soit de l'animisme et du chamanisme ou bien d'arts divinatoires, comportant certes des éléments bouddhiques mais dont l'emploi paraît peu orthodoxe. C'est le cas des talismans protecteurs et des amulettes que l'on trouve aux abords des temples en Chine et au Japon et surtout des *yantras*, diagrammes géométriques portant des formules de pali et destinés à protéger ceux qui les portent. Inscrits sur des feuilles de palme, des billets de banque, des chemises, voire tatoués à même le corps des fidèles, ces *yantras* sont très populaires au Cambodge et en Thaïlande, et il n'est pas rare que ce soient des moines qui les confectionnent ou les tatouent sur le corps des dévots. Des amulettes avec diagrammes et *mantras* de protection sont monnaie courante dans le bouddhisme tibétain. Astrologie et arts divinatoires ont aussi leur part et prospèrent près des temples, et là encore, les

**Oracle de Nechung**

**Oracle d'État, médium entre le monde terrestre et celui des esprits, promu par le cinquième dalaï-lama protecteur du gouvernement tibétain et responsable de la paix et de l'harmonie sur terre. Il peut être consulté par le dalaï-lama sur les questions temporelles et spirituelles.**

moines ne sont pas les derniers à en tirer parti, bien que les règles disciplinaires du *vinaya* le leur interdisent… Il faut aussi citer le cas des oracles au Tibet, comme celui de Nechung, l'oracle d'État consulté par le dalaï-lama. Il s'agit d'un moine régulièrement « possédé » par une déité protectrice, or la transe de possession n'est pas une pratique d'origine bouddhique.

Au premier abord hétéroclites, toutes les pratiques populaires qui entourent le bouddhisme, même si elles semblent contredire la sacro-sainte raison de l'homme occidental, ne sont-elles pas plutôt le signe d'une vitalité spirituelle qui fait fi de nos catégories bien pensantes ? Fort de sa cohérence doctrinale, le bouddhisme ne paraît pas craindre ce bric-à-brac ambiant, et l'accueille avec douceur et patience. Sa longue histoire lui donne apparemment raison : il n'y a pas eu « diabolisation » mais plutôt assimilation des cultes indigènes, et la doctrine du Bouddha n'en a guère souffert dans sa pertinence et son efficacité. Plus redoutable en revanche s'annonce la confrontation du bouddhisme avec le consumérisme occidental et l'instrumentalisation du *dharma* au profit de notre confort de vie et de notre soif de récupération. Les peuples asiatiques font certes parfois preuve de naïveté et d'ignorance dans leur pratique religieuse, mais ne sommes-nous pas nous-mêmes aveugles à notre manière, et bien présomptueux, de juger ainsi la pratique d'autrui… ? ■

# Bouddhisme et Occident

## Une relation ambiguë

**Fabrice Midal**

**En Occident, le bouddhisme a trouvé un nouvel espace de développement mais son implantation ne va pas sans difficultés et malentendus.**

À la fin du XVIIe siècle, le missionnaire Alexandre de Rhôdes écrivait dans son *Cathechismus in Octo Dies Divisus* : « Lorsqu'on abat un arbre maudit et stérile, les branches qui sont encore sur lui finissent aussi par tomber ; de même lorsque le sinistre et trompeur Shakya (Bouddha) sera vaincu, les fabrications idolâtres qui en découlent seront aussi détruites. » En 1949, Alfred Foucher, auteur d'une vie du Bouddha qui fait encore autorité, ajoutait : « À part quelques âmes particulièrement curieuses d'expériences exotiques, le bouddhisme ne recueillera chez nous que bien peu d'adeptes. »

Au fur et à mesure que le bouddhisme a été mieux connu, mettant à mal les bases de la pensée occidentale, il a suscité des oppositions. Il n'a pas été alors seulement vu comme une idolâtrie, une fausse religion, mais comme une pensée dangereuse, un appel à un incompréhensible anéantissement. Comme un nihilisme, au moment où l'Occident affrontait la disparition de l'ordre et des valeurs établies depuis des siècles. Peu auraient pu penser qu'il s'intégrerait à l'Occident. Or nombre de notions bouddhistes sont passées dans le langage courant : l'exigence de compassion, l'impermanence (mot inventé par les bouddhistes), le karma et la notion d'interdépendance.

### L'universalisme

De fait, dès la fin du XIXe siècle, particulièrement en France, le bouddhisme a commencé à être mieux considéré. Il a été perçu comme une religion sans dieu annonçant le projet laïc, permettant de lutter contre un christianisme dominant. Jules Ferry est si impressionné par son caractère « laïque » qu'il décide d'introduire le bouddhisme dans les cours de morale de l'école de la République. La rigoureuse morale bouddhiste, sans dieu « rémunérateur et vengeur », lui semble la preuve qu'il n'est nul besoin de l'existence de Dieu pour être un honnête homme.

Tandis que l'Allemagne s'attache aux *Vedas*, considérés comme un document indo-germanique, l'indianisme français retrouve dans le message du Bouddha une aspiration visant au bien de l'humanité tout entière qu'il rapproche de la mission de la France. Pour les artistes, Van Gogh ou Gauguin, Shakyamuni est le témoin d'une réalisation spirituelle prouvant l'universalisme du sacré qu'ils recherchent.

## Les premiers maîtres

À partir des années 1950, des maîtres *zen*, suivis à la fin des années 1960 par des Tibétains, arrivent en Occident. Ils savent, avec génie, transmettre leur héritage. Cette rencontre met fin aux fantasmes littéraires sur le bouddhisme qui cesse d'être rêvé et devient une voie qu'il devient possible de suivre.

## L'état actuel du bouddhisme

L'Union bouddhiste de France et le ministère de l'Intérieur estiment à un million les bouddhistes en France : la moitié est asiatique et l'autre française d'origine. En même temps, on estime que cinq millions de Français considèrent le bouddhisme comme la religion dont ils se sentent le plus proches. La France est, pour des raisons historiques, le pays où il est le mieux implanté, avec des centaines de centres de méditation. Le plus vaste temple tibétain d'Europe est en Bourgogne, et le principal *dojo zen* d'Occident en Touraine.

Mais cette réalité cache de graves menaces. Le temps des pionniers est achevé. Le bouddhisme est connu, mais son succès ouvre à de nouveaux périls signalés par les maîtres. Trois problèmes sont particulièrement préoccupants.

### ▸ Un bouddhisme réduit à une tisane

Le bouddhisme est de plus en plus enseigné comme une thérapeutique mièvre et aseptisée. Il devient un discours sympathique mais irresponsable. Ce bouddhisme-tisane vise simplement à calmer ceux qui s'y adonnent. Son sens spirituel passe à l'arrière-plan quand il n'est pas simplement nié. Certains enseignants le présentent comme un coaching de vie, une manière d'être plus efficace au travail, d'avoir une sexualité plus épanouie, un compte en banque mieux garni. Le discours du Bouddha insiste pourtant sur la vérité de la souffrance. La refuser ou tenter de négocier, c'est ne plus suivre son enseignement.

### Le triomphe du bouddhisme-business

Alors que le bouddhisme fut introduit par des maîtres qui insistaient sur la corruption existant dans leur pays et la nécessité d'une révolution, seule à même de préserver la tradition dont ils étaient les héritiers, on assiste aujourd'hui, dans nombre d'écoles, à un retour du religieux le plus dogmatique et clérical. Le sentiment d'appartenance à une communauté importe plus que l'engagement dans une pratique intelligente pourtant seule capable de dénuder les hommes de leurs masques et de leur hypocrisie. La notion de gourou et de maître suscite des comportements d'une naïveté à mille lieues de la vérité traditionnelle. Le bouddhisme devient un produit commercial dont il faut étendre les parts de marché.

### Un Orient idéalisé

On assiste enfin à une idéalisation de l'Orient qui conduit à confondre la doctrine du Bouddha et les coutumes des peuples d'Asie. Le bouddhisme a été, comme toutes les religions, et contrairement à toutes les illusions véhiculées aujourd'hui, utilisé à des fins politiques et même criminelles. Nombre d'institutions bouddhiques se sont ainsi dévoyées en idéologies belliqueuses et ont jus-

### Les pionniers

**Taisen Deshimaru**

Il arrive seul du Japon en juillet 1967 par le Transsibérien. Il a 53 ans, vit d'abord dans l'arrière-boutique d'un magasin macrobiotique, fait quelques massages pour subvenir à ses besoins et se rapproche de la Fédération de yoga. Peu à peu, il rassemble un nombre croissant d'élèves. À sa mort en 1980 et en à peine treize ans, il a fondé plus d'une centaine de *dojos* et fait découvrir le *zen* à des milliers d'Européens.

**Chögyam Trungpa**

C'est le grand pionnier de l'introduction du bouddhisme en Occident. Arrivé à la fin des années 1960 en Angleterre, il étudie à Oxford et devient le premier Tibétain à avoir une double culture. Aux États-Unis, il comprend les difficultés réelles, souvent mésestimées, que pose la transmission d'un bouddhisme pour l'Occident. Il fonde la première et seule université bouddhiste du monde occidental.

---

tifié la « sainte guerre pour la construction d'un ordre nouveau en Asie de l'Est » durant la Deuxième Guerre mondiale. Des collectes de fonds furent organisées au Japon pour l'effort de guerre (l'école *soto* collecte en 1941 de quoi faire cadeau d'avions à la marine impériale et à l'armée). Des cérémonies pour la victoire et l'annihilation de l'Amérique et de l'Angleterre, des activités de renseignement ainsi que l'endoctrinement des populations furent ainsi organisées par des bouddhistes au nom du bouddhisme. Au Tibet, les batailles entre écoles ont conduit à des guerres meurtrières et aujourd'hui les luttes pour le pouvoir sont vives.

Le Tibet ou le Japon ne sont pas des pays où le bouddhisme a toujours été florissant. Kodo Sawaki, le maître de Deshimaru, expliquait : « Dans la plupart des communautés religieuses, on se contente de lire et réciter bêtement les *sutras* dans une léthargie paresseuse ; les moines concentrent toute l'activité de leur esprit sur une réalité superficielle. (...) Ces "moines" méprisent la pratique, ne font pas *zazen* et n'atteignent donc jamais le *satori*. Toute leur journée se passe en futiles bavardages, quand ils ne sont pas requis par le service du temple qu'ils exécutent mécaniquement. S'encrassant dans la routine, ils vivent comme des ivrognes et mourront comme des rêveurs. Tout ce qu'ils recherchent est une vie paisible et sans souci. Quand donc ouvriront-ils les yeux ? » Chögyam Trungpa écrit la même chose à propos du bouddhisme tibétain de la fin du XIX^e siècle.

Il est important de rappeler ces faits pour éviter de confondre le bouddhisme avec une forme d'exotisme et encourager les Occidentaux à exercer leur discernement et à ne pas accepter les fausses hiérarchies cléricales.

## Une crise de croissance majeure

Le bouddhisme est aujourd'hui confronté à une crise de croissance majeure. Dans chaque aire géographique où il s'est intégré, il s'est appuyé sur les coutumes locales et l'on parle à juste titre d'un bouddhisme « japonais », « tibétain » ou « thaïlandais ». Il serait logique que, dans cette logique, naisse un bouddhisme d'Occident. Cela semble même une condition indispensable pour sa sauvegarde. ■

# Le bouddhisme aujourd'hui

## Renouveau et expansion

**Odon Vallet**

**Après avoir survécu au communisme, le bouddhisme doit aujourd'hui s'adapter à l'économie capitaliste. Religion universelle mais non mondialisée, cette philosophie a gagné l'Occident, où est apparu un « nouveau véhicule » faisant la synthèse entre la doctrine traditionnelle et les angoisses de l'homme moderne.**

Le bouddhisme apparaît, en Europe de l'Ouest et en Amérique du Nord, comme une religion en expansion ou une philosophie à la mode. Or, pour les mêmes raisons et dans les mêmes proportions, le bouddhisme et le christianisme orthodoxe ont beaucoup régressé au XX$^e$ siècle : le nombre de leurs adeptes n'a pas varié pendant cent ans alors que la population mondiale a sextuplé. Ces deux religions ont, dans leurs fondements métaphysiques, été submergées par le marxisme athée, celui de l'URSS et des démocraties populaires pour l'orthodoxie, celui de la Chine maoïste et de l'Indochine communiste pour le bouddhisme. Le matérialisme dialectique a persécuté des centaines de millions de croyants derrière le rideau de fer ou celui de bambou. L'Occident a médiatisé le combat du dalaï-lama mais il a oublié les milliers de monastères fermés ou détruits dans tout l'Empire du Milieu par le Grand Timonier durant la « Grande révolution culturelle et prolétarienne », souvent magnifiée par les intellectuels soixante-huitards.

Dans leur dimension missionnaire, ces deux religions ont souffert de ne pas être aidées par de grandes puissances coloniales comme la France catholique ou l'Angleterre protestante. De même que la Russie orthodoxe n'avait pas d'empire, la Chine bouddhiste restait confinée entre ses grandes murailles. Alors que prêtres et pasteurs européens gagnaient l'Amérique, l'Asie puis l'Afrique, les moines bouddhistes ne rayonnaient guère à l'ouest de l'Indus. Et aujourd'hui encore, 98 % des bouddhistes de la planète habitent l'Asie de l'Ouest et du Sud. Le bouddhisme est donc une religion universelle (proposée à tous les hommes) et non mondialisée, à la différence du christianisme et de l'islam (universels et mondialisés) ou du judaïsme et de l'hindouisme (religions d'un seul peuple, juif ou indien).

## Quatre cent millions de bouddhistes

Dans cette orientation baissière, combien y a-t-il de bouddhistes dans le monde et quelle est la place du bouddhisme parmi les grandes religions mondiales ? La réponse à ces deux questions pose des problèmes de méthode. Certaines religions se reçoivent à la naissance : on est juif par sa mère, musulman par son père, hindou par la caste. Mais on est chrétien par le baptême (même

ZOOM

**La quatrième religion mondiale**

**Le bouddhisme est, aujourd'hui, la quatrième religion mondiale alors qu'en 1900, ses adeptes étaient aussi nombreux que les chrétiens et plus nombreux que les musulmans. Face aux 350 ou 400 millions de bouddhistes dans le monde, on compte en effet 2 milliards de baptisés, 1,3 milliard de musulmans et 850 millions d'hindouistes.**

si les parents ne sont pas baptisés) et bouddhiste par la « prise de refuge » dans le Bouddha, le *dharma* (la Loi) et le *sangha* (la communauté). On peut prendre refuge dès qu'on comprend le sens des mots (vers sept ans) et on est libre de quitter le refuge à tout moment alors que le baptême est pour toute la vie. Cette grande tolérance du bouddhisme rend difficile le recensement des bouddhistes dans les pays pluriconfessionnels.

Pour compliquer encore ces données, les religions extrême-orientales ne s'excluent pas mutuellement. Alors qu'on est soit juif, soit musulman, soit chrétien, il est possible d'être à la fois bouddhiste et shintoïste au Japon, ou bouddhiste et confucianiste, voire taoïste, en Chine, en Corée ou au Vietnam. N'ayant jamais été propagé par les armes ni imposé aux peuples, le bouddhisme coexiste, de manière plus ou moins conflictuelle ou consensuelle, avec les autres philosophies et religions. Sous toutes ces réserves, on peut estimer qu'il y a entre 350 et 400 millions de bouddhistes dans le monde.

Un tiers des bouddhistes empruntent le Petit véhicule (hinayana) ou doctrine des Anciens (theravada) et deux tiers suivent le Grand véhicule (mahayana). Le vajrayana (Véhicule de diamant) concerne moins d'un bouddhiste sur trente. Ces proportions doivent moins à l'attirance des

**Un véhicule au goût du jour**

En Europe de l'Ouest et en Amérique du Nord, se développe un « nouveau véhicule » faisant la synthèse entre la doctrine traditionnelle et les angoisses de l'homme moderne. En France, où les statistiques religieuses officielles sont interdites, on estime à environ un million le nombre de bouddhistes. La grande majorité est issue de l'immigration chinoise et indochinoise, en majorité mahayaniste. Les Français d'origine se sont plutôt tournés vers le bouddhisme tibétain, mieux médiatisé (par le dalaï-lama), ainsi que vers les écoles *zen*, symbolisant la sérénité face au stress moderne. S'il est presque impossible d'être plus précis sur les chiffres, on connaît mieux l'origine sociale des convertis, souvent déçus par le catholicisme : le bouddhisme européen touche une large population d'âge moyen, appartenant aux « classes moyennes » et aussi urbanisée que la moyenne des Français. Prônant la « voie du milieu », le Bouddha historique a prêché une doctrine modérée susceptible de convenir à des catégories assez diverses de la population. Ils font mentir la prédication de Kipling pour qui « l'Orient est l'Orient, l'Occident est l'Occident, jamais ils ne se rencontreront ». Et cette rencontre est pacifique.

ZOOM

doctrines qu'à l'importance des pays. Le mahayana est implanté dans les deux pays les plus peuplés de l'Asie bouddhiste : la Chine et le Japon. À l'inverse, le vajrayana touche des pays semi-désertiques comme le Tibet ou la Mongolie. Contrairement à une idée reçue en Occident, le dalaï-lama, chef spirituel et temporel des Tibétains, n'a qu'une autorité démographiquement limitée à 1 % des bouddhistes.

Le bouddhisme s'est historiquement développé dans la civilisation du riz et du thé comme le christianisme dans celle du pain et du vin. Il a donc bénéficié des zones de peuplement important du Houang-Ho (fleuve Jaune), du Yang Tseu Kiang (fleuve Bleu), du fleuve Rouge (Nord Vietnam) et du Mékong. En Indochine, il est d'ailleurs la religion des rizières alors que l'animisme persiste chez les minorités ethniques des hauts plateaux. Les excédents démographiques des régions rizicoles ont été aisément absorbés par les immenses monastères du theravada dont certains à Mandalay (Birmanie) abritent plus de deux mille moines.

### Cohabiter avec les génies locaux

Le concept d'Indochine, dû aux géographes français du XIXe siècle, convient bien au theravada implanté, à l'exception du Sri Lanka, entre l'Inde et la Chine, en Thaïlande, Birmanie, Cambodge, Laos et à l'extrême sud du Vietnam : 130 millions de bouddhistes vivent dans ces pays où les génies locaux (*nat* en Birmanie, *phi* en Thaïlande et au Laos, *neakta* au Cambodge) survivent mais où le christianisme et l'islam ont peu pénétré. Si certains Occidentaux voient dans le bouddhisme une philosophie athée, il est, en Indochine, une religion populaire que même les gouvernements marxistes respectent voire honorent.

### Une dévotion non quantifiable

Reste à mesurer l'intensité de sa pratique. Le critère de la pratique hebdomadaire n'est pas pertinent : seuls le judaïsme, le christianisme et l'islam ont des offices chaque semaine dans des lieux de culte fermés : sabbat le samedi à la synagogue, messe le dimanche à l'église, prière du vendredi à la mosquée. Dans le bouddhisme, on prie quand on veut, là où on veut, et les millions d'oratoires avec une statue du (ou des) Bouddha induisent une dévotion non quantifiable. Elle est toutefois plus importante dans les zones rurales et les pays pauvres, et tend à se raréfier dans les mégalopoles. Dans la plus grande conurbation de la planète (31 millions d'habitants), Chongqing (en Chine), on peine à entrevoir une pagode parmi les gratte-ciel. Mais dans les villages indochinois, le monastère est souvent le seul bâtiment d'importance et presque toute la population le fréquente avec plus ou moins de régularité.

La même remarque vaut pour les vocations monastiques. La seule Birmanie compte environ 300 000 moines permanents, soit presque autant que de prêtres catholiques dans le monde entier. Religion la plus « cléricale » du monde, le bouddhisme compte aussi 300 000 moines en Thaïlande. Mais autant ils sont nombreux et visibles dans les zones rurales, quêtant leur nourriture aux aurores avec le bol à aumônes, autant ils se font discrets et rares à Bangkok : les vœux de pauvreté et de chasteté sont difficilement conciliables avec une économie développée et une éthique « libérée ».

Quel est donc l'avenir du bouddhisme dans une Asie du Sud-Est où le niveau de vie double tous les dix ans ? En Chine, au Vietnam et au Combodge, le renouveau bouddhiste est vigoureux : aux années de guerre et de persécution succède une époque de réaction spirituelle, féconde en ouvertures de monastères et en vocations religieuses. Le bouddhisme (comme le christianisme) a survécu à l'hostilité du communisme. Il doit maintenant affronter les séductions du capitalisme. ■

# Grand témoin

## Le dalaï-lama, apôtre du Bouddha

**Le 10 mars 1959, le quatorzième dalaï-lama quitte le Tibet envahi par la Chine et s'installe à Dharamsala, en Inde. Depuis, le chef spirituel et temporel tibétain sillonne inlassablement l'Occident où il contribue à faire connaître le bouddhisme et à promouvoir ses valeurs.**

*Le bouddhisme est-il une religion, une pratique ou une philosophie ?*

Les trois à la fois. On y pratique diverses formes de méditations. Et la méditation analytique – entre autres – passe toujours par une certaine philosophie, une certaine sagesse. C'est également une religion puisque cette pratique et cette philosophie relient les êtres entre eux vers l'illumination, le refuge, les aide à devenir des êtres éveillés.

*Qu'en est-il de la notion de Dieu ? Le Bouddha peut-il être assimilé à une divinité ?*

Non, sauf à définir Dieu comme le Refuge, l'Éveilleur. Le Bouddha est l'Être omniscient par excellence ; par contre, il n'est pas le Créateur. Nous pensons que chacun a en soi la nature de Bouddha, nous ne pouvons donc pas nous créer nous-mêmes... Pour les bouddhistes, c'est le karma qui crée le monde. Toute action découle d'une action précédente, tout événement découle d'un événement précédent suivant une loi de causalité. La force de l'esprit, des sentiments, des émotions, crée le monde dans lequel on vit et façonne les êtres.

*Que représentent alors les déités bouddhiques ?*

Les déités sont des manifestations de bouddhas. Il ne faut pas les appeler « divinités ». Et n'oublions pas qu'on parle de milliers de bouddhas. Car après Siddhartha Gautama, le Bouddha historique, il y a eu un nombre incalculable de personnes qui, grâce à son enseignement, ont atteint l'Éveil.

*Le bouddhisme invite au détachement. Quelle importance l'histoire humaine a-t-elle, pour vous ?*

Chercher le détachement vis-à-vis des choses ne signifie pas s'en désintéresser. Même si je suis avant tout un moine, je m'intéresse aux événements qui se passent dans le monde. Cela dit, le propre du bouddhisme est effectivement d'apprendre le détachement vis-à-vis des choses, des personnes, de la vie. Mais c'est aussi dans le message d'autres religions, comme le christianisme par exemple, qui appelle à une vie simple et détachée, non ? Cependant, c'est vrai, le bouddhisme appelle fondamentalement au détachement total. Pour nous, l'histoire humaine n'a pas la même importance que pour vous. Et le Bouddha n'intervient pas directement puisque nous croyons à la loi du karma. Mais nous le prions pour qu'il nous donne la force, la sagesse... Et nous pratiquons pour dominer nos émotions, être maître de nos actions.

*Les Quatre nobles Vérités du Bouddha sont centrées sur la question de la souffrance. Pourquoi ?*

La souffrance est présente, de la naissance à la mort. Je crois que sans religion, sans pratique, il est difficile de l'éliminer, l'apprivoiser, de s'en libérer. La loi du karma est l'enseignement premier du bouddhisme : nous créons nous-mêmes ce qui nous arrive par une action dans cette vie ou dans une précédente. De notre point de vue, le christianisme est parfois contradictoire sur le problème de la souffrance. Mais pour les chrétiens, nous avons aussi nos contradictions... Chacun son business ! Comme disent toujours les Chinois : « Ne vous mêlez pas de nos affaires intérieures ! » (grands éclats de rire). Plus sérieusement, dans l'humanité, il y a tellement de mentalités et de cultures différentes qu'une seule religion ne pourrait pas convenir à tous. La diversité des hommes fait qu'on a besoin de plusieurs religions. Il faut les respecter car si l'une ne vous apporte pas ce que vous cherchez, elle conviendra à d'autres.

*Des millions d'Occidentaux sont attirés par le* dharma *et les pratiques de méditation et en perdent tout intérêt pour leur propre tradition.*

Il y a deux phénomènes. Certains gardent leur foi dans leur religion d'origine et adoptent des techniques et pratiques d'une autre. Cela est très positif. Mais d'autres désirent changer de religion, c'est plus dangereux. Il faut y réfléchir longtemps, car il n'est pas naturel de se couper de ses racines. Si on le fait trop rapidement, c'est généralement par amertume et l'on devient critique envers sa religion d'origine. Cela est très grave car on en détruit l'esprit même, qui est tolérance, sagesse, amour... Mais chaque individu a le droit de changer de religion. À condition de ne pas développer un esprit négatif contre sa religion d'origine.

*Croyez-vous que le bouddhisme pourra s'implanter durablement en Occident ?*

Il faut distinguer les enseignements essentiels du Bouddha et la culture. En se répandant à travers le monde, les enseignements essentiels se sont enracinés dans des cultures diverses : on parle du bouddhisme tibétain, chinois, thaïlandais... Au regard de cette histoire, il est tout à fait possible que les enseignements essentiels s'ancrent dans la culture occidentale et qu'il existera un jour un bouddhisme occidental. ■

Propos recueillis par Estelle Saint-Martin

# Présentation des auteurs

### Catherine Barry

Journaliste, médecin de formation, spécialisée en médecine chinoise, elle est l'auteure des *108 Perles de sagesses du dalaï-lama* (La Renaissance, 2006).

### Patrick Carré

Écrivain et sinologue, il est l'auteur du *Palais des nuages* (Phébus, 2002) et le traducteur de soutras comme *Les Dix Terres* et *Le Filet de Brahma* (Fayard, 2004 et 2005).

### Philippe Cornu

Chargé de cours en anthropologie religieuse à l'Inalco et président de l'Université bouddhique européenne, il est l'auteur du *Dictionnaire encyclopédique du bouddhisme* (Le Seuil, 2006).

### Thierry-Marie Courau

Dominicain, docteur en théologie, enseigne à l'Institut catholique de Paris. Sa spécialité est le bouddhisme.

### Véronique Crombé

Diplômée d'études indiennes, conférencière des Musées nationaux, musée des Arts asiatiques Guimet, elle est l'auteure du *Bouddha* (Desclée de Brouwer, 2000).

## Laurent Deshayes

Docteur en histoire, il est l'auteur de plusieurs ouvrages consacrés au bouddhisme et au Tibet, dont *La Découverte du bouddhisme* (Plon, 2006), *Histoire du Tibet* (Fayard, 1997) et *Tibet, 1846-1952 : les missionnaires de l'impossible* (Les Indes savantes, 2008).

## Michel Hulin

Philosophe spécialiste de l'Inde et de sa spiritualité, professeur émérite de philosophie indienne à l'université Paris IV, il est l'auteur de *Sermons du Bouddha* (Poche, 2006).

## Fabrice Midal

Docteur en philosophie et enseignant bouddhiste, il dirige l'association Prajna et Philia qui œuvre à la présentation d'un bouddhisme pour l'Occident. Il a publié, entre autres, *Quel bouddhisme pour l'Occident ?* (Le Seuil, 2006) et *Chögyam Trungpa, une révolution bouddhiste* (Grand Est, 2007).

## Éric Rommeluère

Il est enseignant dans la tradition *zen* et ancien vice-président de l'Institut d'études bouddhiques. Derniers livres parus : *Le bouddhisme n'existe pas* (Le Seuil, 2011) et *Le Bouddhisme engagé* (Le Seuil, 2013).

## Dominique Trotignon

Il est spécialiste du bouddhisme ancien et directeur général de l'Institut d'études bouddhiques.

## Odon Vallet

Historien des religions, spécialiste d'anthropologie religieuse, il a notamment publié *Spiritualités indiennes* (Gallimard, 2007), *Dieu n'est pas mort... mais il est un peu malade* (Bayard, 2007) et *Dieu et les religions en 101 questions-réponses* (Albin Michel, 2012).

# Bibliographie


## Initiation au bouddhisme

- H. Bechert et R. Gombrich, *Le Monde du bouddhisme*, Thames & Hudson, 2003.
- Laurent Deshayes, *Découverte du bouddhisme*, Plon, 2006.
- Bernard Faure, *Bouddhisme*, Liana Levy, 1997.
- Dennis Gira, *Comprendre le bouddhisme*, Le Centurion, 1989.
- Peter Harvey et Sylvie Carteron, *Le Bouddhisme, enseignements, histoire, pratiques*, Le Seuil, 2006.

## Le Bouddha

- Véronique Crombé, *Le Bouddha*, Desclée de Brouwer, 2000.
- Jane Hope et Borin van Loon, *Bouddha*, Rivages 2006.
- H. W. Schumann, *Le Bouddha historique, l'époque, la vie et l'enseignement de Gautama*, Sully, 1999.

## La pratique bouddhiste

- Thomas Cleary, *L'Âme du samouraï*, Rocher, 2007.
- Dalaï-lama, *Comment pratiquer le bouddhisme*, Plon, 2002.
- T. Deshimaru, *La Pratique du zen*, Albin Michel, 1981.
- Daniel Giraud, *Récits de sagesse d'Extrême-Orient*, Accarias, 2007.
- Éric Rommeluère, *Les Bouddhas naissent dans le feu*, Le Seuil, 2006.
- Thich Nhat Hanh, *Le Cœur des enseignements du Bouddha*, La Table Ronde, 2000.

## Le bouddhisme en Occident

- Corinne Butigieg et Alain Parinet, *Les Bouddhismes en France*, Ouest France, 2001.
- Dennis Gira, *Le Lotus et la Croix*, Bayard, Le Centurion, 2003.
- Dennis Gira et Fabrice Midal, *Jésus Bouddha, quelle rencontre possible ?*, Bayard, 2006.

■ Frédéric Lenoir, *La Rencontre du bouddhisme et de l'Occident*, Albin Michel, 2001.
■ Fabrice Midal, *Quel bouddhisme pour l'Occident ?*, Le Seuil, 2006.

## Le bouddhisme en Asie

■ Philippe Cornu et Michel Gotin, *La Terre du Bouddha*, Le Seuil, 2004.
■ Mathieu Ricard, *Tibet, regards de compassion*, La Martinière, 2006.
■ François Thual, *Géopolitique du bouddhisme*, Syrtes, 2002.

## La doctrine bouddhique

■ André Bareau, *En suivant le Bouddha*, Philippe Lebaud, 2001.
■ Walpola Rahula, *L'Enseignement du Bouddha d'après les textes les plus anciens*, Le Seuil, 2004.
■ Môhan Wijayaratna, *La Philosophie du Bouddha*, Lis, 2000.

## Textes fondamentaux

■ *Dhammapada*, introduction et traduction de Jean-Pierre Osier, Flammarion, 1997.
■ *Milarepa, œuvres complètes*, traduction de Marie-José Lamothe, Fayard, 2006.
■ Milinda-Panha, *Les Questions de Milinda*, traduit et annoté par L. Finot, Gallimard, 1992.
■ Patrul Rinpoché, *Le Chemin de la grande perfection*, Padmakara, 1997.
■ Sogyal Rinpoché, *Le Livre tibétain de la vie et de la mort*, Le Livre de Poche, 2005.
■ *Soutra de l'entrée à Lanka*, traduit par Patrick Carré, Fayard, 2006.
■ *Soutra de la Liberté inconcevable*, traduit par Patrick Carré, Fayard, 2000.
■ Môhan Wijayaratna, *Les Entretiens du Bouddha*, Le Seuil, 2001.
■ Môhan Wijayaratna et Michel Hulin, *Sermons du Bouddha, la traduction intégrale de 20 textes*, Le Seuil, 2006.

## Pour en savoir plus

■ Philippe Cornu, *Dictionnaire encyclopédique du bouddhisme*, Le Seuil, 2006.

## L'Union bouddhiste de France

La plupart des associations et des congrégations bouddhiques en France sont regroupées au sein de l'Union bouddhiste de France (UBF), fondée en 1986. Association de type fédération, l'UBF tient le rôle d'organe représentatif du bouddhisme auprès des pouvoirs publics. Elle a ainsi participé à la reconnaissance des premières congrégations bouddhiques, obtenu l'intégration du bouddhisme aux émissions religieuses de la télévision publique (Sagesses bouddhistes, le dimanche à 8 h 30 sur France 2), elle assure la gestion de la Grande Pagode de Vincennes (route de la ceinture du lac Dausmenil, 75012 Paris) et y organise la fête du bouddhisme à Paris, chaque année au mois de mai ou juin.

**www.bouddhisme-france.org**
**info@bouddhisme-france.org**

# Dans la même série

- 20 Clés pour comprendre le christianisme
- 20 Clés pour comprendre la franc-maçonnerie
- 20 Clés pour comprendre l'islam
- 20 Clés pour comprendre les sagesses chinoises
- 20 Clés pour comprendre le chamanisme

Impression Blackprint en avril 2013
Éditions Albin Michel
22, rue Huyghens, 75014 Paris
www.albin-michel.fr
ISBN : 978-2-226-24656-1
N° d'édition : 20608/01
Dépôt légal : mai 2013
Imprimé en Espagne